Emma N. Funcke

Die Sanftmütigen
Psychogramm einer Liebe

DAS BUCH

Sommer 1991. Berlin. Fast wie in einem Rausch beginnen Lucille und Alexis ihre Liebe. Ihre Leben treffen sich am Abgrund des jeweils anderen und entwickeln in ihrer Intensität schnell ein unheilvolles Füreinander. Beide haben ihre eigene Zeit, ihre eigene Perspektive, und so wagt dieser Roman den Aufbruch in eine neue Erzählstruktur, bei der sich Vergangenheit und Zukunft aufeinander zubewegen. Wie weit sich Lucille und Alexis im Laufe der 47 Jahre auch voneinander entfernt haben, was Veränderungen mit ihnen gemacht haben, sie haben sich nie verloren.

Außergewöhnlich, stilistisch überzeugend und bis zuletzt aufwühlend zeigt „Die Sanftmütigen" ein beeindruckendes Panorama des Erwachsenwerdens.

DIE AUTORIN

Emma N. Funcke, 1999 in Frankfurt am Main geboren, entwickelte ihre Leidenschaft fürs Schreiben bereits im Grundschulalter und nahm mit elf Jahren an den ersten Schreibwettbewerben teil. Die oftmals düsteren Geschichten, die sie jährlich zu Weihnachten verschickte, bildeten das Fundament ihrer Vorliebe für die Beschreibung menschlicher Abgründe. In ihrem in Amsterdam absolvierten Psychologiestudium konnte sie ihr Interesse für emotionale Entfremdung und dysfunktionale Beziehungen mit Wissen untermauern und auf ihren Debütroman „Die Sanftmütigen" anwenden.

EMMA N. FUNCKE

Die Sanftmütigen

Psychogramm einer Liebe

ROMAN

Geschrieben Juli 2017 – Februar 2023

Bibliografische Information der Deutschen Nationalbibliothek:
Die Deutsche Nationalbibliothek verzeichnet diese Publikation in
der Deutschen Nationalbibliografie; detaillierte bibliografische
Daten sind im Internet über dnb.dnb.de abrufbar.

Copyright © 2024 Emma N. Funcke

Coverdesign: dezentrot/Tina Funcke
Illustration: plainpicture/Ruth Botzenhardt
Lektorat und Korrektorat: Julia Funcke
Foto: Uli Schwab

Herstellung und Verlag: BoD – Books on Demand, Norderstedt
ISBN 9783758372100

PERSONENREGISTER

Lucille	Hauptperson 1
Alexis	Hauptperson 2
Simon	Sohn von Lucille und Alexis
Jakob	bester Freund von Lucille
Frida	beste Freundin von Lucille
Olena	(Ex-)Freundin von Alexis
Regina	Lucilles Tanzlehrerin
Lila	Rosenrot und Lucilles Tanzkollegin
Dr. Selmi	Alexis' Therapeutin
Konrad	bester Freund von Simon
Frau Hoffmann	Nachbarin
Thea	Freundin von Alexis
Esther	Affäre von Lucille

PROLOG

Während ich hier stehe, den Blick auf das Fenster zu dem Zimmer gerichtet, hinter dem ich vor einigen Minuten noch lag, zögere ich, hadere ich mit mir, und ich denke nach über alle Möglichkeiten, alle Begegnungen, all die Wege, die das Leben für mich bereitgehalten hat und die ich nicht eingeschlagen habe. Ich erinnere mich an Dinge, die es nie gegeben hat. Ich denke an die verschlungenen Wege, an die parallel verlaufenden, an die sich kreuzenden Pfade, an tiefes, hüfthohes Gras, an holprige Schotterwege, an harten Asphalt, an weite Felder, an Matsch, in den man einsinkt, an mitreißende, wilde Flüsse.

Es gibt Menschen, die so sehr mit ihren Köpfen in den Wolken stecken, dass sie vom Leben auf den Bürgersteigen dieser Stadt recht wenig mitbekommen. Diese Art der Verträumtheit kann gewiss ganz unterschiedliche Ausmaße annehmen, von denen einige für die Betroffenen besser zu verkraften, für niemanden wirklich bedrohlich sind, andere hingegen einen Menschen wirklich vom Leben entfremden, ihn *den Bezug zur Realität verlieren lassen*.

Ich habe meinen Kopf in den Wolken, ständig. Aber *du* hast das auch, obwohl du dich manchmal noch mehr dagegen sträubst als ich. Und weil dein Kopf auch in den Wolken steckt, mag ich dich so gerne. Das habe ich zum Beispiel gemerkt, als du mit der falschen Bahn fünfzehn Stationen zu weit gefahren und verwirrt in Köpenick ausgestiegen bist, am anderen Ende der Stadt. Aber das meine ich eigentlich nicht damit. Ich rede von der Tatsache, dass Köpfe, die ständig in Wolken stecken, ununterbrochen nach Zufälligkeiten Ausschau halten, einem Knick in der Optik, dem, was eigentlich nicht sein sollte, Dingen, die, wenn niemand sie beobachten würde, für immer vom Erdboden verschluckt werden würden. Von denen, deren Köpfe so voll von Geschichten sind, dass sie sich an Dinge erinnern, die nie passiert sind, und dabei manchmal das vergessen, was tatsächlich passiert.

Ich weiß nicht, wie es dir geht, aber meine persönliche Schwäche sind Begegnungen. Und die Dinge, an die ich mich erinnere und die nie passiert sind, sind deshalb vor allem Gespräche, die es nie gab, Berührungen, Zuneigungen, Verletzungen, all das eben. Ich kann einen Menschen, der auf dem Bürgersteig an mir vorübergeht, nicht ansehen, ohne mir vorzustellen, was passieren würde, wenn ich mich gegen den natürlichen Lauf der Dinge – der der ist, dass der Mensch und ich aneinander vorbeilaufen und uns nie wiedersehen – stemmen würde. Wenn ich einfach meine Hand ausstrecken würde, diesen Menschen am Ärmel greifen und somit dafür sorgen würde, dass die Flüchtigkeit unserer Begegnung nicht vom Erdboden verschluckt wird.

Aber ich weiß auch, dass wir niemals all diesen Begegnungen nachgehen können, wo würde das denn hinführen? Wenn wir jedem kurzen Blickkontakt, jedem „Danke, hier ist Ihr Rückgeld", jedem Zunicken, jedem Lächeln, jedem Anrempeln nachgehen würden, dann würden wir mit Sicherheit die Begegnungen verpassen, für die sich die ganze Überwindung, den Arm auszustrecken, auch wirklich lohnt. Es gibt Verbindungen, die einfach anders sind, und das weiß man von Anfang an. Der Blick ist anders, das „Danke, hier ist Ihr Rückgeld" ist anders, selbst dem Anrempeln entströmt eine andere Kraft. Die Kunst im Leben liegt eben darin, in genau den richtigen Momenten den Arm auszustrecken.

KAPITEL EINS

LUCILLE (1991)

Der Tod ist mitten im Leben aktiv, nicht am Ende des Lebens, an diesem Satz bin ich erschreckend lange hängen geblieben und ich musste oft am eigenen Leben feststellen, dass er vollkommen zutrifft. Nicht im wortwörtlichen Sinne, sondern im metaphorischen, und auch nicht als meine Angst vor dem Tod, sondern eher als Angst vor dem Leben. Dabei hatte ich die Gewissheit des eigenen Ablebens, der eigenen Vergänglichkeit, immer im Hinterkopf, beim Heranwachsen und auch im hohen Alter noch. Natürlich hatte das Sterben für mich als Kind einen seltsam abstrakten Charakter, das Thema hatte mich irgendwie eingenommen, aber zugleich hatte mich verstört, dass ich es nie greifen konnte, egal wie gewaltvoll ich versuchte, es beim Schopf zu packen.

Sobald ich das Gefühl hatte, etwas über den Tod verstanden zu haben, entglitt mir die Erkenntnis im nächsten Moment wieder und wurde durch neues Unverständnis ersetzt. In meinem Kopf gab ich dem Tod nicht nur ständig neue Namen, ich suchte auch ständig nach neuen Erklärungen. Ich erinnere mich an die Verzweiflung meiner armen Mutter, die mit meiner plötzlichen Auseinandersetzung mit diesem Thema einherging.

Es war, als verfolgten kein Kind in diesem Alter dieselben Fragen und es war auch keins von denselben Ängsten geplagt.

Bevor ich nämlich in ein Alter kam, in dem der Tod eine

fanatische Faszination in mir auslöste, raubte er mir den Schlaf. Tod war Verlust, und dem Einzelkind erschien die heilige Welt aus drei Menschen gefährlich zerbrechlich. Mit großer Besorgnis versuchte ich meine Eltern vor den Gefahren des Lebens zu beschützen, um diese Welt bloß nicht zu gefährden. Ich blieb nächtelang wach, wenn sie ausgegangen waren, und lauschte auf den Schlüssel im Schloss, gefolgt von ihrem Flüstern und dem unterdrückten Gelächter, wenn sie zurückkamen. Ich machte mir Sorgen, wenn ich vor Geschäften auf sie warten musste und ich davon überzeugt war, dass bereits erschreckend viel Zeit vergangen war. Ich hatte Angst, wenn meine Mutter auf einer Leiter stand, ich hatte Angst, wenn mein Vater die Fenster von drinnen putzte. Ich war eines jener Kinder, die man zu Waghalsigkeit und Abenteuerlust erziehen musste. Dieses eine Thema – der Tod – schaffte es wirklich, mich gelegentlich aus der Bahn zu werfen, selbst wenn ich im realen Leben damit gar nicht konfrontiert wurde.

Mit neun Jahren schrieb ich mein erstes Testament, in dem ich meine Eltern als Erben eintrug. Sie würden die uneingeschränkte Vollmacht über mein ansehnliches Vermögen aus einigen Münzen erhalten, die ich in meinem Kleiderschrank versteckt hielt. Wahrscheinlich sorgte ich mich weniger, dass jemand Ungewolltes meine paar Mark unnütz in der Welt verschleudern könnte, als darum, bloß alle nötigen Vorkehrungen getroffen zu haben. Die Selbstverständlichkeit, mit der ich davon ausging, dass ich vor meinen Eltern sterben würde, überrascht mich heute noch manchmal.

Mit den Jahren wurden aus der Angst Fassungslosigkeit und Verwirrung. Im Zentrum stand nun das Spekulative und Ungegenständliche, mit dem ich mich nicht zufriedengeben konnte. Wie konnte es sein, dass wir schon so lange lebten und dieses eine, dieses so wichtige Thema noch so unerforscht war?

In dieser Zeit klammerte ich mich an die Nahtoderfahrungen, von denen ich gelesen hatte, und hielt an dem Gedanken fest, dass der Tod weniger düster und leer war, als wir glaubten.

Seit jeher verfolgte mich der Tod, wie ein Schatten, und obwohl ich die Beziehung zu ihm ständig änderte, wurde ich ihn über die Jahre nie los. Spätestens seit der Nuklearkatastrophe von Tschernobyl nahm er dann so lebendige Züge an, dass ich mich in meinen gleichmäßig aufeinander folgenden Entwicklungsstufen wie zurückgeschleudert fühlte. Die Ängste wurden elementar, selten war ich so schwermütig und meine Gedanken so verbittert. Für Monate war ich in einer Weltuntergangsstimmung, in der ich mich fühlte, als würde mein Lebenskreis sich gerade zu schließen beginnen. Ich war wütend, in eine so grässliche Welt hineingeboren zu sein, und schwor mir damals, meinen ungeborenen Kindern nicht das Gleiche anzutun und sie erst gar nicht zu gebären. Aber der Schock über Tschernobyl ging vorüber, und neben diesen Tagen voller trüber Illusionen gab es auch die des grenzenlosen Übermuts. Tage, an denen ich die christliche Einstellung zum ewigen Leben wortwörtlich nahm. Die gelebten Jahre schienen endlos lang zu sein und die noch zu lebenden noch viel endloser. Die Zeit verflog, aber ich hatte sie ja auch im Überfluss. Ich empfand Mitgefühl für alle Menschen, die älter waren als ich, und war mir sicher, dass ich um meine Jugendlichkeit beneidet wurde, wenn es auch das Einzige sein mochte, mit dem ich protzen konnte.

Und genau in dieser Zeit, als Zeit noch im Überfluss vorhanden war, lernte ich Alexis kennen. Tatsächlich ist seitdem eine gefühlte Ewigkeit vergangen und trotzdem habe ich unser Kennenlernen noch vor Augen, als wäre es ein Film, den ich nach Belieben in meinem Kopf abspielen kann. Mehr noch, ich sehe es nicht nur, ich fühle es. Ich fühle meine Unsicherheit, die Bedächtigkeit, die Angespanntheit zwischen uns und meine verschwitzten Hände, ineinandergefaltet auf meinem Schoß. Und ich fühle die grenzenlose Zuneigung, die Leidenschaft, das Beschauliche und meine Berührungen auf seinem Körper.

Ich war gerade auf dem besten Weg, unbekümmert zu werden. Die Welt lag mir wie ein ergebener Untertan zu Füßen und ich war bereit, mich auf sie einzulassen. Die großen Fragen hatte ich von mir abgeschüttelt, ich war viel zu sehr mit mir selbst beschäftigt.

Rückblickend frage ich mich, wer ich heute wäre, wenn ich zu diesem Zeitpunkt so autonom geblieben wäre, wenn ich nicht ihm die Kontrolle über meine Bewegungen und Entscheidungen gegeben hätte, wenn ich nicht mein ganzes Glück in seine Hände gelegt hätte. Aber irgendwann habe ich aufgehört, mir diese gefährliche Frage zu stellen, ich entfremde mich zu sehr von der Realität, wenn ich das tue.

In manchen Momenten erinnere ich mich daran, was ich als junges Mädchen oft dachte, wenn ich nach Antworten suchte, auf die Frage nach unserer Existenz. Wenn ich um mich selbst zu kreisen schien und das Gefühl hatte, die einzige Person in diesem unaufhörlichen Strudel zu sein. Ich ärgerte mich über die Menschen, die sich nicht im selben Strudel aus unbegreiflichen Wahrheiten befanden und die schlichtweg aufgehört hatten, sich die Fragen zu stellen, die ich mir damals stellte. Die das Wunder ihres Daseins, die beängstigende Weite des Universums und ihren Tod stumm hinnahmen.

Wie konnte man leben, ohne zu hinterfragen?

Ich wollte sie aus ihrer Starre schütteln, ihnen die Wichtigkeit dieser Fragen wieder bewusst werden lassen. „Wo bleibt Platz für das Wesentliche?", wollte ich fragen. Aber je älter ich wurde und je mehr Zeit ich mit Alexis verbrachte, desto mehr verfiel ich selbst in diese Muster. Ich hörte auf, tiefer zu graben, denn ich vergaß, wo ich anfangen wollte, und wusste noch weniger, wo ich aufhören sollte. Indem ich mich auf zwei wesentliche Dinge beschränkte – Alexis und unsere Beziehung –, erleichterte ich mir einerseits das Dasein, auf der anderen Seite machte ich mich völlig unempfindlich für alles andere.

***

Alexis war damals der unzugänglichste Mensch, den ich je getroffen hatte. Seine Verschlossenheit erweckte den Anschein, niemandem würde je Zutritt zu den geheimen Orten seiner Vorstellungskraft gewährt. Das Gefühl rührte sowohl von der Gleichgültigkeit her, mit der er allen begegnete, als auch von dem, was er sagte. Man hatte immer das Gefühl, er selbst sei bei Gesprächen nie wirklich anwesend, seine Antworten waren so einsilbig, dass ich dachte, sein Innerstes wäre schon längst abgestorben. Früher redete ich mir diese Einschätzung oft aus, ich wollte mir selbst weismachen, dass niemand, der so gleichgültig war, so tiefe Gefühle in mir hervorrufen konnte. Jetzt bin ich mir manchmal nicht mehr sicher. Manche Erinnerungen lassen sich nicht mehr von meiner Illusion und der Wirklichkeit unterscheiden. Durch meine mangelnde Rationalität rechtfertigte ich damals jede seiner Handlungen. Je größer die Unterschiede zwischen uns waren, desto überzeugter war ich, wir würden einander umso mehr ergänzen. Je ruhiger er wurde, desto lauter wurde ich.

***

„Licht! Licht!" Und schon drehten sich die Scheinwerfer, blendeten mich so sehr, dass ich zu Boden schauen musste.

Zu viel Licht, dachte ich. Ich stand auf der Bühne des kleinen Theaters, in dem wir damals probten, und ich spürte mein pulsierendes Herz, das mir aus der Brust springen wollte. Die vielen Bewegungen hatten mich zum Schwitzen gebracht und ich spürte, wie sich der Schweiß klebrig an meinem Haaransatz sammelte. Im gleißend hellen Licht der Scheinwerfer fühlte ich mich seltsam entblößt.

„Verdammt!", rief Regina, meine Tanzlehrerin. Sie fluchte mitunter sehr viel. Entweder lobte sie mit übertrieben affektierter und sich überschlagender Stimme oder tobte vor Wut. In beiden Fällen appellierte sie damit an sich selbst und lobte oder bestrafte eher ihre eigene Arbeit als unsere. Ich hatte erst sehr spät gelernt, nicht beschämt zu sein von ihren Lobeshymnen, die ein unerträgliches Maß annehmen konnten. Auch ihre Wutausbrüche verunsicherten mich nicht mehr und ich genoss eher das Spiel der Extreme, das sich einem bot, wenn man mit ihr zusammenarbeitete.

„Aus!"

Und die Lichter gingen aus und ich konnte zum ersten Mal sehen, was sich vor der Bühne abspielte, und in dem Moment trafen sich auch schon unsere Blicke und ich kann nicht sagen, wie viel Zeit in diesem Moment verging. Die eine Hand hielt sich lässig am Geländer fest, die andere umfasste den Strahler, mit dem er soeben noch meine Schritte verfolgt hatte. Zum ersten Mal sah ich ihn von vorne, sah das blasse Gesicht, die Ausdruckslosigkeit darin. Mir fiel auf, wie viel jünger er war im Vergleich zu den anderen Technikern. Sein Blick ruhte auf mir und die Tatsache, dass ich zu ihm hochschaute, während er seelenruhig auf mich hinuntersah, machte mich nervös. Sein Gesicht zeigte keine Regung, und während wir dem Blick des jeweils anderen standhielten, blinzelte er nicht. Ich fand seine Art irgendwie schroff, aber diese Schroffheit, dass er einem

Blick so lange und auf diese Art standhalten konnte, wirkte auf mich eher anziehend als abstoßend.

Regina klatschte zweimal in die Hände und wir machten weiter. Damals probten wir für eine Neuinterpretation von „Schneeweißchen und Rosenrot". Ich tanzte Schneeweißchen, obwohl ich dagegen protestiert hatte. Ich selbst empfand mich damals als viel zu aufgeweckte junge Frau. Zu wenig ruhig und bedacht wie Schneeweißchen. Es war fast kränkend, mit dem langweiligen Schneeweißchen verglichen zu werden. Erst bei genauerer Beschäftigung mit dem Märchen verstand ich, dass die charakterlichen Unterschiede zwischen den Schwestern als positiv und sich ergänzend bewertet wurden und notwendig waren. Schneeweißchen wurde nicht dadurch schlechter, dass sie es vorzog, zu Hause zu bleiben und im Haushalt zu helfen. Ebenso wie Rosenrot nicht dadurch besser wurde, dass sie auf Wiesen herumsprang und dabei Blumen suchte und Sommervögel fing. Die Polaritäten zwischen den Mädchen waren eindeutig, und doch verhinderte die verbindende bedingungslose Liebe der Schwestern, dass man sie als Gegenspielerinnen hätte bezeichnen können.

Ich versuchte damals, mich mit meiner Rolle zu identifizieren und mich in das Mädchen hineinzuversetzen, aber das weiße, seidige Kleid behinderte mich in meinen Bewegungen. Ich bildete mir ein, dass der Saum zu eng um meine Oberschenkel lag, und dennoch schien ich manchmal darin zu versinken, wenn der etwas steife Stoff meine Körperspannung überdeckte. Ich denke trotzdem, es war weniger das unvorteilhafte Kleid, das so ein Unbehagen in mir auslöste, als vielmehr die Bewegungen, die mir fremd waren und aus denen ich mich gern befreit hätte. Die sanften und zarten Bewegungen, die mit äußerster Präzision ausgeführt werden mussten, erforderten Konzentration, und ich war neidisch auf Rosenrot, deren Bewegungen ungestüm und wild waren. Das rote Kleid flatterte ihr verführerisch um die Beine, und die Farbe ließ sie nicht leblos und blass wirken, sondern brachte sie zum Strahlen.

Die Szenen, in denen ich zu Hause bei der Mutter war und die Eigenschaften meiner Rolle nur im Rahmen des Häuslichen verkörpern musste, fielen mir leicht. Tanzte ich dagegen mit Rosenrot zusammen, war ich befangen und gehemmt. Ich sah meinen Charakter immer im Kontrast zu dem von Rosenrot und hatte Schwierigkeiten, ihn zu akzeptieren. Erst wenn wir beide nicht mehr Individuen darstellen mussten, sondern die Einheit der Schwestern verkörperten, glichen wir uns im Rhythmus an, und unsere Bewegungen fanden einen Einklang.

Jetzt, nachdem ich ihn gesehen hatte, spürte ich seine Blicke auf meinem Körper, und trotz meines Könnens fühlte ich mich beklommen. Ich war seltsam befangen. Die Bewegungen fielen mir schwer und ich schwebte nicht mehr über die Bühne, sondern fühlte mich gehemmt und unbeweglich. Die Hitze der Scheinwerfer wurde schier unerträglich und ich musste mich stark konzentrieren, um die Schrittabfolge korrekt auszuführen. Die Choreografie erlaubte mir nicht, meinen Blick nach oben zu wenden, um zu schauen, ob er mich noch immer so eingehend betrachtete. Und auch wenn ich mir absolut sicher war, seinen Blick noch immer auf mir zu spüren, war meine Neugier unerträglich.

Die verwitwete Mutter saß im Wohnzimmer und ruhte sich aus, vor dem Haus standen ein roter und ein weißer Rosenbusch, nach denen sie die schönen Töchter benannt hatte. Draußen hatte zuvor Rosenrot den Eingangstanz begonnen; sie war wie berauscht umhergerannt, hatte sich im Gras gewälzt und Blumen gepflückt. Kurz darauf hatte ich sie abgelöst, hatte geputzt, der Mutter vorgelesen und sie versorgt. Nachdem ich mich einige Minuten lang wie entgleist bewegt hatte, fing ich mich wieder, als wir die nächste Szene probten. Die Mutter verließ die Bühne, und Lila, die Rosenrot spielte, kam aus dem Garten und zog mich in die Freiheit. Das Bühnenbild wurde verändert, aus dem Familienwohnzimmer entstand eine grüne und blühende Blumenwiese. Ich war froh über Lilas Hand, die feucht in meiner lag und mich zurück in den Rhythmus holte.

Die beiden Kinder hatten einander so lieb, dass sie sich immer an den Händen fassten, sooft sie zusammen ausgingen; und wenn Schneeweißchen sagte: „Wir wollen uns nicht verlassen", so antwortete Rosenrot: „Solange wir leben, nicht."

Wir legten uns nieder in die künstliche Wiese und bewegten uns auf dem Boden weiter. Mein Gesicht näherte sich Lilas, und ich registrierte ein leichtes Zucken ihrer Augen, das mir Zuversicht vermittelte. Mit einer Hand hielt sie meine, die andere Hand lag auf meiner Wange. Ich spürte ihren Atem in meinem Gesicht. Ihre feuchte Hand löste sich langsam von meinem Gesicht und kurz danach lösten sich auch unsere Körper wieder voneinander.

***

Nach der Generalprobe – ich war gerade dabei, mich auf den Nachhauseweg zu machen – kam Alexis geradewegs auf mich zu und blieb unbeirrt vor mir stehen. Ich studierte sein Gesicht und stellte fest, dass es denselben Ausdruck trug, den ich bei der Generalprobe bemerkt hatte. Wieder schaute er mich direkt und unbefangen an, aber ich spürte zugleich eine innere Geistesabwesenheit.

Er war größer, als ich vermutet hatte. Ich musste den Kopf in den Nacken legen, um ihm in die Augen schauen zu können.

Ich blickte ihm ins Gesicht, sah die blauen Adern, die um die Augen herum durch seine Haut schimmerten. Wie feine Äste schienen sie seinen Augäpfeln zu entspringen und sich ihren Weg nach draußen zu bahnen.

Er hatte die Augen verengt, entweder aus Abneigung oder aus Unsicherheit, und starrte mich weiterhin abwartend an, als wäre nicht er auf mich, sondern ich auf ihn zugekommen.

Der übrige Teil seines Gesichts war von markanten Zügen geprägt, die aber eher ein wenig grob wirkten, weshalb sein Gesicht keine Sympathie erweckte. Ich wusste nicht, ob ich ihn unter anderen Umständen interessant gefunden hätte. Jetzt aber, nach unserem Blickkontakt bei der Probe und angesichts der Art, wie er mich angeschaut hatte, fühlte ich mich zu ihm hingezogen. Während ich ihn weiterhin von Kopf bis Fuß musterte, vom dunklen Schopf bis zu den blauen Turnschuhen, wurde mir die Stille unangenehm.

„Du bist unser Lichttechniker." Ich versuchte zu lächeln, er überging es, ohne das Lächeln zu erwidern. Seiner Person entströmte eine so raumgreifende Intensität, dass ich nicht anders konnte, als den Blick abzuwenden.

„Ja. Seit wann tanzt du?"

„Eigentlich seitdem ich denken kann."

„Das sieht man."

Ich versuchte eine Regung an seinem Gesicht abzulesen, entdeckte aber keine.

„Wie meinst du das?"

„Man sieht eben, dass du viel Erfahrung hast."

„Danke. Ich heiße Lucille." Ich reichte ihm die Hand. Seine Finger schlossen sich fest um meine.

„Alexis", sagte er und nickte kaum merklich. „Was machst du heute Abend, Lucille?"

„Nichts. Ich habe nichts mehr vor."

„Lust, was trinken zu gehen?"

Ich überdachte kurz meine nächsten Schritte. Ich dachte an die Aufführung am nächsten Tag, daran, dass ich ausgeschlafen sein sollte, und ich antwortete dennoch so gelassen, wie ich konnte. „Gerne."

Mir fiel auf, dass er jegliches Vorgeplänkel außer Acht gelassen hatte und, ohne Zeit mit Höflichkeitsfloskeln zu verlieren, direkt zum Kern dessen gekommen war, was er wollte.

***

Als wir wenig später das Theater verließen, war es draußen noch immer hell und die Sonne schien, obwohl es schon Abend war. Ich folgte dem jungen fremden Mann durch die von der Sonne glänzenden goldenen Straßen. Wir mussten durch die ganze Stadt fahren, weil das kleine Theater etwas außerhalb gelegen war. Im Bus waren wir die einzigen Fahrgäste, und der Busfahrer schaute nur kurz auf, als wir einstiegen. Ich ließ mich auf einem der gepolsterten Sitze nieder und rechnete damit, dass Alexis sich mir gegenübersetzen würde. Er blieb aber vor mir stehen und griff mit einer Hand nach der Haltestange über sich. Wegen der Art, wie er dastand und sein Gleichgewicht trotz der Kurven hielt, vermutete ich, dass er jemand war, der sich im Bus generell nicht hinsetzte.

Er starrte gedankenverloren aus dem Fenster, und weil ich nicht wusste, wie ich die Stille unterbrechen sollte, tat ich es ihm gleich. Die Fenster waren dreckig. Lange weiße Schlieren zogen sich über die gesamte Scheibe und bildeten ein ungleichmäßiges Muster. Die Sonne strahlte durch die Streifen und Flecken hindurch und blendete mich. Mir gefiel der Effekt, den der Schmutz verursachte, denn ich betrachtete die Straßen wie durch einen Schleier.

Ich fragte mich, worüber Alexis nachdachte. Ob ihn die Stille störte und ob er es bereute, mich angesprochen zu haben. Ich fragte mich auch, was der Busfahrer wohl dachte. Wirkten wir auf ihn wie zwei Vertraute, die sich schon so lange kannten, dass sie sich nichts mehr zu sagen hatten? Oder spürte er, dass wir uns eben erst kennengelernt hatten? Vielleicht dachte er auch, dass wir zwei Fremde waren, aber er hatte ja gesehen, dass wir zusammen eingestiegen waren, und Alexis stand näher neben mir, als es unter Fremden in einem leeren Bus angebracht gewesen wäre. Ich schaute kurz zu ihm auf, lächelte ihn liebevoll an, als hätte ich gerade bemerkt, dass er auch anwesend war, und mir als seine langjährige Vertraute bewusst gemacht, wie schön es war, ihn zu kennen. Ich hoffte, dass der Busfahrer mein Lächeln bemerkte und ich seinem Grübeln über unsere Verbindung damit ein Ende setzen konnte. Er sollte denken, dass wir zueinandergehörten. Aber weder der Busfahrer noch Alexis bemerkten mein Lächeln, sodass ich mein Gesicht wieder dem Fenster zuwandte, und so schwiegen wir drei den Rest der Fahrt über.

„Wir müssen raus."

Ich sprang leichtfüßig aus dem Bus und drehte mich erwartungsvoll zu Alexis um. Er übernahm die Führung und leitete mich durch die Straßen. Ich sah, wie viele Menschen an der Spree entlangliefen und ihre Gesichter selig den letzten Sonnenstrahlen des Tages entgegenreckten. Plötzlich wurde ich euphorisch, und ich dachte, wie jung der Abend noch war und was alles passieren konnte. Und ich dachte, wie jung auch ich war, wie viel das Leben noch für mich bereithielt.

Alexis brachte uns zur Bar Ivy und bestellte zwei Gläser Weißwein. In großen Schlucken ließ ich den kalten Alkohol meine Kehle hinabfließen. Von außen wie von innen war die Bar eher unscheinbar und einfach. Jeder Stuhl und jeder Tisch war anders als die anderen, was zugegebenermaßen das einzig Besondere am ganzen Laden war. Ansonsten ging eine düstere Atmosphäre von der Bar aus, die Lampen gaben ein trübes Licht ab, die Musik war gedämpft und die Gäste saßen zurückgezogen in den Winkeln und Ecken. Für einen kurzen Moment bedauerte ich, dass wir nach drinnen gegangen waren, und dachte an die Menschen, die ihre Gesichter in den Himmel reckten, aber dann besann ich mich wieder.

Alexis hatte an der Theke Platz genommen, ein Detail, das nicht ins Bild passte. Wir waren in die dunkelste und versteckteste Bar der Stadt gegangen, und dennoch saßen wir an der Theke und nicht zurückgezogen in einer Ecke wie die anderen. Den ganzen Abend über hatte ich das Gefühl, wir wären die Hauptcharaktere eines Kammerspiels, der Mittelpunkt des Geschehens. Damals dachte ich, dass Alexis es mir zuliebe tat, weil er wissen musste, wie gern ich „auf der Bühne" stand. Heute jedoch weiß ich sicher, dass er es weniger wegen mir getan hat als für sich selbst. Das Ivy war ein Ort, an dem er seine selbst auferlegten Verhaltensgrundsätze ablegte und die Maske abnahm, hinter der er sich versteckte.

Die Gespräche wurden weniger gehemmt. Alexis' Wortkargheit hatte in dem Moment nachgelassen, als er sich hingesetzt hatte, und mit jedem Glas, das er trank, ließ er sich mehr auf unsere Konversation ein. Nur einmal wurden seine Sätze kurz und er erzählte von seiner Kindheit, als wäre es das Leben eines anderen. Die wesentlichen Kernpunkte seiner Vergangenheit arbeitete er ab, als stünde er unter Zeitdruck. „Meine Mutter starb, als ich zwölf Jahre alt war. Mein Vater kam mit dem Verlust und mir nicht zurecht und hat angefangen zu trinken. Mit sechzehn bin ich ausgezogen, seitdem haben wir uns nicht mehr gesehen."

Benommen hörte ich ihm zu. Er gewährte uns keine Pause, in der ich ihm mein Mitgefühl hätte aussprechen können. Und so war die einzige Frage, die ich herausbrachte: „Wie hast du das gemacht, mit sechzehn?"

„Tagesjobs, Zeitungen austragen, ich habe den Leuten in der Nachbarschaft den Rasen gemäht, Zäune repariert, so was eben." Er drehte sich um, winkte den Barkeeper zu uns und bestellte neue Drinks. Insgeheim wünschte ich mir, einen Kratzer in meiner Biografie zu haben. Ein kleiner Riss, der die Verwundeten verbunden hätte. Aber ich würde sein Leid nie wirklich begreifen können, und die Gründe für seine Verschlossenheit und das Verkrampfte, mit dem er jedem begegnete, konnte ich erst sehr viel später ein bisschen nachvollziehen.

***

Am nächsten Morgen wachte ich früh auf. Sonnenstrahlen kitzelten meine Haut und wärmten das ganze Zimmer. Das Bettlaken war feucht und ich spürte einen leichten Schweißfilm auf meinem Rücken. Draußen musste es bereits sehr heiß sein. *Ein schöner Tag*, dachte ich. Ich drehte mich zu Alexis um und betrachtete sein Gesicht. Er hatte sich mir zugewandt und ein friedlicher Ausdruck hatte sich auf sein Gesicht geschlichen. Das Skeptische und Ernste war für einen Moment verschwunden, stattdessen wirkte er zerbrechlich.

Ich hätte gerne seine Lider berührt und durch seine Wimpern gestrichen, aber ich traute mich nicht. Stattdessen rückte ich mit meinem Gesicht näher an seins und nahm den Geruch in mich auf, der von seinem Körper ausging. Eine Mischung aus Zigaretten, Schweiß und seinem eigenen, süßlichen Duft. Ich atmete tief ein und versuchte den Geruch in meinem Gedächtnis abzuspeichern. Ich war oft neben schlafenden Männern wach geworden, aber selten zuvor hatte ich am Morgen gedacht: *Bitte bleib.* Alexis hatte mich auf seltsame Weise berührt.

Ich glaube, es war das Ehrliche und nicht Affektierte, mit dem er mir gegenübertrat, was mich beeindruckte.

Die Uhr auf dem Nachttisch zeigte 07:16 an. Ich hatte drei Stunden geschlafen. Leise und vorsichtig setzte ich mich auf, starrte durch das Fenster in den blauen Himmel hinaus und rieb mir die Augen. Behutsam hob ich meine Kleider vom Boden auf und schlüpfte in die Jeans und das T-Shirt vom Vortag. Auf Zehenspitzen schlich ich zur Tür und blickte mich noch einmal zu Alexis um. Im nüchternen Tageslicht wirkte das Zimmer lebloser als bei Nacht. Die große Matratze war lieblos mitten im Raum platziert, neben Alexis' Kopf lagen ein paar Habseligkeiten auf dem Boden verstreut. Auf der anderen Seite des Zimmers stand ein Kleiderschrank.

Die Wohnung hatte drei Zimmer. Möglichst geräuschlos öffnete ich die Türen der anderen und steckte meinen Kopf durch die Türrahmen. Eins war überhaupt nicht eingerichtet. Als würde dieses Zimmer nicht zum Rest der Wohnung gehören, lag es unangetastet und leer zwischen den zwei anderen. Im nächsten Raum stand eine Couch, die mit gelbem Cordstoff bezogen war. In einem kleinen Regal waren ein paar Bücher achtlos übereinandergestapelt und an eine winzige Topfpflanze angelehnt. Ein großes Gemälde stand an einer Wand auf dem Boden, es war das Porträt einer Frau.

Auf Zehenspitzen schlich ich durchs Zimmer und blieb vor dem Gemälde stehen. Ich vermutete, dass es in etwa die Maße 130 x 100 hatte. Fast würdelos war es an die Wand gelehnt, und ich musste mich bücken, um auf Augenhöhe mit der Frau zu sein. Die Hälfte ihres Gesichts war von ihrer Schulter verdeckt, sie hatte sich zum Beobachter umgedreht und schaute mit großen, braunen Augen geradewegs in dessen Richtung. Die ganze Leinwand war von ihrem Gesicht ausgefüllt, und der Künstler hatte es geschafft, ihm einen sehr lebendigen Charakter einzuhauchen.

Trotz der großen Augen und des neugierigen Blicks wirkten ihre Züge eher ernst auf mich. Kühl und selbstbewusst starrte sie mich an, und obwohl ich es war, die auf sie hinabschaute, hatte ich das Gefühl, es wäre genau andersherum. Ja, fast verachtend schaute sie mich an. Trotz der Strenge ihrer Gesichtszüge entsprang ihrem Blick etwas Zartes, Schwaches. Ich hatte das Gefühl, als wäre ich der Frau und dem Künstler zu nahe getreten, als hätte ich mich durch mein bloßes Beobachten zwischen die beiden und ihre Vertrautheit gestellt. Die Frau war schön, und ich fragte mich, wer sie war und ob Alexis sie kannte. Ob Alexis womöglich der Künstler war, der dieses Gemälde geschaffen hatte. Inständig hoffte ich, er wäre es nicht. Ich wandte das Gesicht ab und schaute mich noch einmal im Raum um. Alexis schien jemand zu sein, dem es widerstrebte, mehr zu besitzen, als er bei der Flucht aus einem brennenden Haus mit bloßen Händen tragen konnte. Trotz der Einfachheit kam ich nicht umhin zu denken, dass die Wohnung wie die eines Künstlers aussah.

In der Küche fand ich ein Stück Papier und einen Stift. Ich schrieb: *Ich werde für dich tanzen. Bis später, Lucille.*

Dann schaute ich auf meine geschriebenen Worte hinab und empfand meine eigene Schrift als kindlich. Ich riss den Teil vom Rest des Papiers ab und schrieb auf das Übriggebliebene dieselben Worte. Diesmal sah meine Schrift krakeliger aus, fast als hätte ich die Worte in größter Eile auf das Papier gekritzelt. Zufrieden schloss ich den Stift, bevor ich aufstand, zur Tür ging und die Wohnungstür hinter mir zuzog. Ich tänzelte durchs Treppenhaus, riss die Eingangstür auf und sprang auf die sonnige Straße. Heute war der sechste Juni, und ich spürte die Bedeutsamkeit dieses Datums und wusste, dass dieser Tag in gewisser Weise entscheidend für alles war. Im Seitenspiegel eines Autos betrachtete ich mein Gesicht und wischte mit dem

Zeigefinger die schwarzen Ränder der Wimperntusche unter meinen Augen weg. Am liebsten hätte ich laut geschrien, stattdessen ließ ich meinen Gefühlen freien Lauf, indem ich meine Arme in den Himmel streckte und mein Gesicht von den Sonnenstrahlen küssen ließ.

Kurz schaute ich zu dem Schlafzimmerfenster hinauf, hinter dem Alexis lag, und dachte: *Neben ihm habe ich gelegen.*

Dann lief ich durch die leere Straße und erfreute mich an dem Gedanken, dass die anderen bemerken würden, dass ich noch immer die Kleider von gestern anhatte und mein Makeup ein wenig verschmiert war.

***

Später, am Nachmittag vor der Aufführung, betrachtete ich mein Gesicht in einem der hohen Spiegel in der Garderobe. Mein Kostüm hatte ich bereits angezogen. Heute ließ mich das Weiß noch blasser erscheinen als sonst. Für eine Weile saß ich einfach da, schaute meinem Gegenüber in die Augen und versuchte zu erforschen, wer ich selbst war. Ich hatte das Gefühl, mich nicht zu kennen und in das Gesicht einer Fremden zu blicken. Ich blickte in das Gesicht eines Mädchens am Ende ihrer Adoleszenz oder einer jungen Frau. Einundzwanzig Jahre war sie schon hier. Sie war von zarter Statur, hatte dünne Glieder und einen langen Hals. Ich betrachtete die dünnen, dunkelbraunen Haare, sah auf meine von Muttermalen besprenkelten Arme hinab und zurück in mein Gesicht. Ich wusste nicht, ob ich das kantige Gesicht sympathisch fand. Ob ich mich selbst mit meinen unscheinbaren braunen Augen, der hellen Haut, mit meiner kleinen Oberlippe und der großen Unterlippe schön finden konnte.

Ich veränderte meinen Gesichtsausdruck, hob den Kopf an, spitzte die Lippen und riss die Augen ein wenig auf. Ich wusste, wie irreführend dieses Spiegelbild war. Hätte ich meinen Kopf nur um ein paar Zentimeter nach rechts gedreht, die Gesichtszüge wieder erschlaffen lassen, ich wäre ein anderer Mensch gewesen. Immer sehen wir uns nur aus dieser einen Perspektive und kennen uns dabei gar nicht richtig. Immer versuchen wir so verzweifelt Abstand zwischen uns und unser Sehen zu bekommen. Einmal sich selbst mit den Augen eines anderen sehen.

Besessen betrachten wir Fotografien von uns, erkennen uns manchmal nicht wieder und behaupten, wir seien in einem schlechten Moment getroffen worden. Wir erschrecken über uns selbst, sind mal eingenommen von der eigenen Attraktivität und im nächsten Moment niedergeschlagen von der Schlaffheit unserer Körper, der mickrigen Körperhaltung, der Durchschnittlichkeit unserer Gesichter. Unsere Körper mit vom Lachen verzerrten Gesichtern, mit Erstaunen im Blick, wir im Schlaf, beim Reden, vertieft, verträumt, manchmal vollkommen geistesabwesend. Alle Videoaufnahmen, alle Fotografien sind fehlerhaft, lückenhaft und unvollständig. Wir sind so viel weniger und mehr, und wir werden es niemals wissen.

Ich zwickte mit den Fingernägeln in meine Wangen, bis sie Farbe bekamen, und biss mir auf Lippen, bis sie so durchblutet waren, dass sie dunkelrot schimmerten. Wieder saß ich einen Moment da und dachte nun, dass ich schön war.

KAPITEL ZWEI

ALEXIS (2038)

Ich weiß, ich werde sterben, und ohne jegliche Spur von Großspurigkeit kann ich aufrichtig sagen, dass mich dieser Gedanke nicht im Geringsten verunsichert. Manchmal blicke ich auf mein Leben zurück, und entgegen der landläufigen Beurteilung von Zeit denke ich nicht: *Das ging aber schnell*. Ganz im Gegenteil, das fast völlige Ausbleiben von Routinen, von Wiederholung hat dazu geführt, dass so viel passiert ist, dass mir beim bloßen Drandenken schwindelig wird. Manchmal will ich noch immer die Hände gen Himmel strecken und Gott, das Schicksal, das Universum oder welche größere Gewalt auch immer mit flehendem Unterton bitten, meinem alten Gemüt ein wenig mehr Ruhe und weniger tumultartiges Sichüberschlagen der Ereignisse auf meine alten Tage zu schenken. Wobei *alt* natürlich, je nach Alter des Lesers, relativ zu verstehen ist. Meine einundsiebzig Umrundungen der Sonne mögen für einen sprösslinghaften Sechzehnjährigen, dessen knospender Körper der Inbegriff von Lebendigkeit ist, wirken, als wäre ich der Bruder Methusalems höchstpersönlich. Für den Sechsundneunzigjährigen, der sich in einem vom Wohnheim angebotenen Kurs „Yoga im Sitzen" wiederfindet und dessen nahezu vorsintflutartige Zähne seit geraumer Zeit nichts Festes mehr zu spüren bekommen haben, mag ich hingegen ein Ausbund an Dynamik, Vitalität und Frische sein.

Es gibt sicherlich nicht viele Lehren, die man aus meinem Leben ziehen kann, außer vielleicht der, eine Wiederholung der Ereignisse möglichst zu vermeiden. Und doch gibt es eine Lehre, die ich, ungeachtet des Lebensalters, jedem ans Herz legen möchte, dem Sechzehn- und dem Sechsundneunzigjährigen, dem Sprössling und dem Greis: Alles, was ich in meinem Leben jemals zu bekämpfen versuchte, und sei es die eigene Vergänglichkeit, bestärkte und befeuerte mich nur mehr. Alles, wogegen ich mich sträubte, hatte Bestand. Der ständige Wunsch, dass die Dinge anders wären, als sie sind, und das Verleugnen von Tatsachen waren bloß eine Multiplizierung des Schmerzes, den ich spürte. Wir leben in einer Welt der Polaritäten und es ist unausweichlich, dass jeder im eigenen Leben Verlust und Limitierung erlebt, die den Fluss des Lebens in unterschiedlichem Ausmaß unterbrechen.

Dies zu wissen, ohne es zu erwarten, erlaubte mir, meinen Lebensweg nicht mehr als fehlerbehaftet oder gescheitert zu betrachten und nicht zu denken: *Das hätte mir nicht passieren dürfen, warum ich?*, oder mich zu fragen, welches persönliche Fehlverhalten dazu geführt hatte, dass ich so bestraft worden war. Es stimmt, ich habe viel Leid erfahren in meinem Leben, aber irgendwann realisierte ich, dass sich das menschliche Bewusstsein nicht weiterentwickeln kann ohne eine Unterbrechung des Stroms und dass wir schlafen würden, wenn wir kein Leid erfahren würden. Für die Evolution der Menschheit waren die Herausforderungen, der Verlust, die Wendungen meines Lebens von Bedeutung, und dieser Gedanke gab und gibt mir mehr Frieden, als der Kurs „Yoga im Sitzen" es tun könnte. Mein ganzes Leben lebte ich in absoluter Verleugnung und versuchte wie ein Irrer schlimme Dinge zu vermeiden. Es hat mich erstaunlich viel Zeit gekostet, zu realisieren, dass ich nicht beeinflussen kann, was mir passiert, sondern lediglich Macht darüber habe, wie ich auf die Dinge reagiere, die mir zustoßen. Und mittlerweile stelle ich manchmal fasziniert fest, dass ich oft tieftraurig im kühlen Gras vor dem Haus stehe und gleichzeitig voller Frieden bin.

Während ich dort stehe, ohne ein Anzeichen von Frustration oder Groll darüber, dass ich traurig bin, denke ich, dass der Tod nun mal nicht abstrakt ist und dass die einzige Lehre, die ich aus alldem ziehen kann, die ist, immerzu in intensiver Gegenwärtigkeit zu leben.

***

Ich schreibe meine Geschichte nicht auf, weil ich denke, dass sie bedeutsamer ist als die Geschichte eines anderen, oder weil ich mich selbst für besonders geistreich halte, sondern schlichtweg, weil es immer befriedigend ist, wenn ein Kreis sich schließt, wenn nichts offen-, nichts zurückbleibt. Und in meiner Geschichte hat sich ein Kreis geschlossen, was nicht bedeutet, dass ich selbst vorhabe, in naher Zukunft das Zeitliche zu segnen, sondern nur, dass ich das Glück habe, dass es vorerst keine offenen Fragen mehr gibt.

Ich laufe viel durchs Haus, während ich schreibe. Und etwas, das mir beim Schreiben immer stärker bewusst wird, ist die Tatsache, dass ich, wenn ich von „mir" schreibe, eigentlich immer „uns" meine. Lucilles und mein Lebensweg wurden immer wieder geteilt, entflochten und auseinandergerissen und dennoch lässt sich meine Geschichte nicht erzählen, ohne dass gleichzeitig auch Lucilles Geschichte erzählt wird. Insofern ist der Kreis, der sich schließt, vielleicht eher in Bezug auf „uns" zu verstehen und weniger auf das, was ich in meinem eigenen Leben gelernt und erfahren habe. Wir haben schöne Momente erlebt, die fast zu schön waren, als dass bloße Worte sie festhalten könnten, und schmerzhafte Momente, die wir tapfer über uns haben ergehen lassen. Es gibt Erinnerungen, die nicht ohne Wehmut oder Zorn aufkommen, und dennoch stelle ich fest, dass Lucille, egal wie verzweifelt ich auch versuchte, Abstand von ihr zu gewinnen, immer da war. Und mehr noch, dass uns die Irrungen und Irrtümer unserer Beziehung auf unterschiedliche Weise ausgetrieben wurden und dass wir, wenn es sie nicht gegeben hätte, niemals das Glück erlebt hätten, das darin liegt, das Leben eines anderen zum eigenen zu machen.

***

„Es passt gut in diese Ecke des Zimmers, finde ich."
Lucille hatte mir den Rücken zugedreht und berührte mit den Fingerspitzen sanft den Rahmen des Bildes, vor dem sie stand. Es war das Bild von Olena, das jahrelang in meiner Wohnung gehangen hatte und in dem sich all die erschütternden Turbulenzen von Lucilles und meiner Beziehung manifestierten.
„Weißt du, weshalb ich das Bild so gerne anschaue?"
„Nein", antwortete ich.
„Ich finde, es ist eines dieser Gemälde, die intellektuelle Arbeit erfordern. Jedes Mal, wenn ich es anschaue, stelle ich neue Dinge fest, sehe etwas, das ich vorher nicht gesehen habe."
„Was siehst du denn diesmal?"
„Ihre Schönheit."
Ich lachte.
„Weil sie eben auch etwas ist, das Arbeit vom Betrachter erfordert. Die Schönheit drängt sich nicht auf, sondern sie muss erst erforscht werden, findest du nicht?"
„Um ehrlich zu sein, nein. Ganz im Gegenteil, ich sehe das Bild an, ich sehe sie an, und alles, was ich sehe, ist vollkommene Ästhetik, die danach schreit, von meinen Augen seziert zu werden."

„Du hast vollkommen recht."

Ich hatte mich nun neben Lucille gestellt und unsere Arme berührten sich.

„Ich habe ihre Schönheit auch immer wahrgenommen. Sonst hätte ich damals nicht von dir verlangt, dass du das Bild in den Keller bringst." Sie lachte. „Etwas habe ich aber wirklich letztens erst entdeckt."

„Was denn?"

„Ich wusste nicht, dass du auch auf dem Bild drauf bist."

„Es war mir lange auch nicht klar."

„Unter anderen Umständen würde ich es unangenehm kitschig und platt finden, dass deine Silhouette sich leicht in ihren Augen spiegelt, aber vor dem Hintergrund, dass ihr einander so viel bedeutet habt und es relativ subtil ist, finde ich es rührend."

Sie streckte den Kopf näher zu Olenas Kopf hinunter und blickte neugierig in die dunkle Iris, in der sich mein Körper spiegelte.

„Es ist kitschig", stellte ich fest.

„Ein bisschen."

„Sehr."

„Sie hat dich eben immer im Blick gehabt. Und auch jetzt wirst du ihrem Blick nie entgehen." Sie zeigte bedeutungsschwer zur Decke und ich folgte ihrem Finger mit meinem Blick. „Sie ist tot, aber sie ist auch da."

Ich nickte. Sie machte einen Schritt auf mich zu und nahm mein Gesicht zwischen die Hände.

„Ich habe keinen Zweifel an ihrer Gegenwart. Spürst du sie auch hier bei uns?"

Ich nickte wieder. Und erstaunlicherweise klangen die Worte nicht abgedroschen in meinen Ohren, sondern eher tröstlich.

Dann küsste sie mich sanft auf den Mund. „Ich lass dich noch ein bisschen alleine hier sitzen." Sie drückte meine Schulter und wandte sich zum Gehen. „Ich bin weg."

Ich fragte mich, wie oft ich sie schon aus der Wohnung hatte gehen sehen und wie oft ich mir nicht sicher gewesen war, ob sie wiederkommen würde. Als ich nach unserer Trennung wieder mit Olena zusammengekommen war und mich später doch für Lucille entschieden hatte, hatten wir schließlich die Abmachung getroffen, dass wir einander nicht mehr besitzen durften. Ich sagte nicht mehr: „Ich will dich für mich allein", und sie legte ihre kalten Hände nicht mehr mit ihrem festen Griff um mich. Manchmal denke ich, dass wir uns anders nicht hätten vergeben können. Und manchmal verschwanden wir voreinander, wurden für einen Moment vom Erdboden verschluckt, und gewiss erzählten wir einander nicht immer alles, aber wir logen uns auch nicht mehr an und wir lebten nicht mehr in dem leeren Versprechen, einander vor dem Leben retten zu können. Das wussten wir von unserer langjährigen Erfahrung miteinander, den Kämpfen gegen Windmühlen, den zahlreichen Vergehen am anderen.

Die Tür öffnete sich, schloss sich wieder, und ich stand allein in der Wohnung und atmete schwer. Ich sah zu Olena rüber und blickte in das junge Gesicht, so wie ich sie vor Jahrzehnten kennengelernt hatte. Ein ganzes Leben war seitdem vergangen.

„Ich hab dich immer gekannt."

Vielleicht hatte es in diesem Leben nicht für etwas anderes gereicht und ich war zu schwer für ihre Arme geworden, aber beim Blick in ihr Gesicht wurde ich von tiefem Glück erfasst.

„Eine Ode an die Freundschaft, danke", sagte ich.

Wir beide und unsere Liebe waren nicht stark genug gewesen gegen den Einbruch des Schicksals, aber das war in Ordnung so.

Ich wandte meinen Körper von dem Bild ab und verließ das Haus.

Draußen stand die Dämmerung kurz bevor, dichte Wolken hatten sich unter dem blauen Himmel zusammengezogen, aber durch sie hindurch schimmerte goldenes Licht. Genau die Art von Dämmerung, die den nahenden Frühling einläutet. Ich lief los, der Himmel in all seinen Farben lockte mich vorwärts, und ich dachte an Lucille und daran, dass wir es geschafft hatten, einander die Liebe, die wir immer schon empfangen wollten, auch zu geben.

KAPITEL DREI

LUCILLE (1991)

An einem Sonntag wenige Wochen nach unserem Kennenlernen lag ich im Bett und betrachtete die vorbeiziehenden Wolken am blauen Himmel. Es war noch vor Mittag und ich hatte lange geschlafen. Ich musste lächeln, diesen Tag hatte ich vorfreudig erwartet. Zwei Tage zuvor hatte ich Alexis das letzte Mal gesehen und er hatte zum Abschied gesagt, wir könnten uns am Sonntag wiedersehen. Seitdem wartete ich mit ungeduldiger Sehnsucht auf einen Anruf.

Ich kochte mir einen schwarzen Kaffee, nahm ihn mit ins Bett, setzte mich im Schneidersitz hin und wartete. Das Telefon stand eine Armeslänge von mir entfernt und rührte sich nicht. Trotzdem musste ich lächeln über mein unheimliches Glück und darüber, wie sich alles langsam zu fügen schien. Es war schön, sich über etwas zu freuen, von dem nur ich wusste.

Später ging ich duschen, aber nur kurz, um den Anruf nicht zu verpassen. Danach setzte ich mich vor den Spiegel und kämmte mir das Haar, tuschte meine Wimpern und legte roten Lippenstift auf. Alles tat ich sehr bedacht und versuchte mich dabei gedanklich abzulenken, aber das Telefon lag bedrohlich neben mir und so verstrichen die Stunden quälend langsam. Jede neue Minute war zäher als die vorherige. Ich wusste nichts mit mir anzufangen. Die innere Angespanntheit brachte mich beinahe zur Verzweiflung.

Gegen fünfzehn Uhr klingelte das Telefon. Ich wartete einige Augenblicke, bis ich den Anruf entgegennahm, um keinen allzu bedürftigen Eindruck zu machen.

Es war mein Vater.

Am späten Nachmittag, als ich das Gefühl hatte, es nicht mehr auszuhalten, rief ich meine enge Freundin Frida an. Wir kannten uns aus der Schule. Frida – angehende Therapeutin, etwas älter als ich, man sah sie immer mit rot geschminkten Lippen, großen goldenen Kreolen, die roten Haare in Wellen, die ihr bis unter die Brust reichten – hatte immer einen kecken Spruch auf den Lippen und war meine engste Vertraute. Wenn ich sie anrief, sah ich sie vor meinem inneren Auge immer auf ihrem Sessel sitzen, die Beine übergeschlagen und nachdenklich zuhörend. In all den Jahren, in denen wir uns kannten, habe ich nie einen Menschen getroffen, der sich der Probleme anderer Menschen selbstloser angenommen hätte als Frida. Über die Jahre verlor sie nie das Jugendliche, das ihrem Geist anhaftete, und sie blieb für mich immer ein Mensch mit viel Mitgefühl, der andere nie wegen ihrer Schwächen tadelte.

Während wir telefonierten, lag ich mit dem Rücken auf dem Bett und starrte von dort die Decke an. „Was soll ich tun, Frida?"

„Anrufen. Sonst zierst du dich doch auch nicht so."

Ich antwortete bestimmt: „Nein! Das kann ich nicht machen."

Am Abend, als meine Ungeduld sich auf ein nicht mehr erträgliches Maß gesteigert hatte, rief er an.

„Können wir unser Treffen verschieben? Ich schaffe es heute leider nicht."

Die Enttäuschung raubte mir den Atem. Ich stockte kurz, bevor ich antwortete: „Ja, klar. Kein Problem."

„Gut, danke! Tut mir leid. Ich ruf dich an, ja?"

Seine Worte hingen noch eine Weile in der Luft, nachdem er aufgelegt hatte. Ich spürte, dass meine Welt binnen eines kurzen Moments aus den Fugen geraten war. Mit klopfendem Herzen sank ich langsam an der Wand entlang auf den Boden. Von oben betrachtet musste ich erbärmlich aussehen, wie ich da, von einer unbegreiflichen Enttäuschung erfasst, auf meinem eigenen Fußboden kauerte und mir nicht zu helfen wusste. An diesem Abend war ich es selbst, die mich zu besänftigen versuchte, aber erfolglos. Eine unglaubliche Angst hatte mich bereits befallen und ich fürchtete mich davor, mich dem zu stellen, was ich soeben begriffen hatte.

**

Drei Tage später rief er an. In diesen Tagen hatte sich der anfängliche Funken Selbsthass in mir zu einem tobenden Feuer entwickelt. Obwohl ich zwanghaft versucht hatte, dem Gedanken an ihn keinen Raum zu geben, schlich er sich mit einschneidender Brutalität jedes Mal wieder in mein Gedächtnis. Ich hasste mich dafür, wie sehr es mich erwischt hatte. Ich hasste es, dass ich ihm schutzlos ausgeliefert war. Meine Verzweiflung lähmte mich, und zugleich fühlte ich, dass sie unberechtigt war. Ich fühlte, dass ich selbst schuld war an dieser Situation, dass ich mich zu schnell auf etwas Lückenhaftes eingelassen hatte.

Am Mittwochmorgen wurde ich vom schrillen Klingeln des Telefons geweckt. Ich befand mich noch immer in einem leichten Rausch, roch nach kaltem Rauch, und ein fettiger Schweißfilm klebte an meiner Stirn.

„Hast du heute Zeit?"

Ich musste die Frage bejaht haben, denn als Nächstes kam: „Gut, ich bin in einer halben Stunde bei dir."

Dann folgte ein Klicken am anderen Ende der Leitung. Er hatte aufgelegt.

Später holte er mich mit dem Auto ab und hupte, als er angekommen war. Das Hupen stimmte mich augenblicklich selig, die Trübsal der letzten Tage war wie weggewischt. Es war, als hätte er laut meinen Namen gerufen. Er hatte nicht durch einfaches Klingeln auf subtile Weise auf sich aufmerksam gemacht. Stattdessen hatte er die Blicke der Nachbarn riskiert und hatte ihnen gar ein richtiges Schauspiel geboten. In dieser Geste sah ich den eindeutigen Beweis dafür, dass er sein Interesse vermitteln wollte. Er, der sonst so zurückgezogen war, hatte Mut gefasst. Wie dämlich von mir und was für eine Verschwendung, dass ich die letzten Tage so jämmerlich gelitten hatte.

***

Noch immer, wenn ich mich an diesen Sommer zurückerinnere, flammt ein unbeschreibliches Gefühl in mir auf. Kein anderer Sommer konnte diesem jemals die Stirn bieten, denn über diesem Sommer lag ein goldener Schimmer. Am stärksten erinnere ich mich an das flaue Gefühl im Magen, das in dieser Zeit mein ständiger Begleiter war. Manchmal war es ein wohliges, berauschendes Gefühl, in anderen Momenten führte es zu innerer Zerrissenheit. Die Tage, an denen Alexis mich anrief, an denen wir Dinge zusammen unternahmen, waren die goldenen Tage, an denen mir der Himmel zu Füßen lag. Aber es gab auch tagelang keine Anrufe, keine Treffen, kein Lebenszeichen. Das waren die Tage, die ich letztlich auf dem Küchenfußboden verbrachte und in denen sich ein tiefes Loch in meine Brust bohrte. Ich lebte in ständiger Bereitschaft, hielt mir ganze Tage frei für ihn und war am Abend zutiefst betrübt, wenn er nicht angerufen hatte.

Mit Alexis zusammen zu sein, zerrte an meinen Nerven. Im einen Moment hielt er liebevoll meine Hand und drückte sie fest. Im nächsten zog er seine Hand wieder zurück, und ein Schleier legte sich über sein Gesicht. Ein ständiges Spiel aus intimer Nähe und klaffender Distanz. Diese an allem zerrende Unsicherheit trieb mich irgendwann in den Wahnsinn. Noch heute fasziniert mich der fast schon gewaltsame Eifer, mit dem ich versuchte, ihn in meinem Leben zu halten. In diesem Wahn war ich resistent gegen jegliches Signal.

***

Ich rief Frida ständig an.

„Frida. Ich halte es einfach nicht mehr aus, ich weiß nicht, was ich tun soll."

„Wovor hast du denn solche Angst?"

„Ich habe Angst, verletzt zu werden."

„Wegen des Leidens?"

„Nicht wegen des Leidens", sagte ich.

„Was dann?"

„Die Demütigung des Leidens."

„Die Demütigung, angreifbar zu sein?"

„Ja."

„Davon musst du dich lösen, Lucille."

„Ja."

„Deine Angst vor Ablehnung scheint manchmal größer zu sein als deine Sehnsucht nach Verbindung. Das macht keinen Sinn."

„Ja, schon irgendwie. Ich weiß nur nicht, wie ich es ablegen soll."

„Nicht so viel nachdenken, einfach angstfrei drauf einlassen."

„Mhm."

Ich schlief kaum noch. Eine Erkenntnis, die mir kam, war die, dass nicht Alexis und ich in eine Wechselbeziehung miteinander getreten waren, sondern stattdessen meine mentalen Ideen, die oft nur wenig mit der Realität zu tun hatten. Das Bild, das ich von mir selbst hatte, war eine Wechselbeziehung mit dem Bild eingegangen, das ich mir von Alexis gemacht hatte. Aber was wusste ich schon über mich oder Alexis? Ja, was zur Hölle wissen wir über uns selbst und andere? Wahrscheinlich erstaunlich wenig, was der Wahrheit entspricht, und erstaunlich viel Erdachtes.

Letztlich war diese Version von mir, die ich zu sein glaubte, reine Fiktion. Ich wusste nicht, wer ich war. Ich schaute in den Spiegel und hatte keine Ahnung, was das Spiegelbild mir sagen sollte. Ich stand ratlos auf Bürgersteigen und starrte in den Himmel. Ich wanderte hilflos durch fluoreszierende Gemüseabteilungen im Supermarkt. Weinte in hell erleuchteten unterirdischen Gängen der U-Bahn. Aber die hellen Lichter spendeten mir keinen Trost, und der Vinylboden war zu kalt, als dass er dazu eingeladen hätte, sich auf ihm auszuruhen. Ich schlief kaum. Wenn ich ermüdet in einen Traum fiel, dann träumte ich von Landschaften aus wogenden Gipfeln und weichen, watteartigen Himmelsformationen. Nur dann hatte ich einen Augenblick Ruhe von der gewalttätigen Maschinerie in meinem Schädel.

***

Die Mittage, die wir in meiner Wohnung verbrachten, sind mir noch gestochen scharf in Erinnerung. Es war einfach, sich im Schutz der Dunkelheit zu lieben, wenn sich die Gesetze der Zurückhaltung vom Tag umkehrten und Tabus gebrochen werden durften. Sich hingegen am Mittag, bei schonungslosem Tageslicht, nicht mit Scham, sondern in lustvoller Selbstverständlichkeit zu lieben, bedurfte besonders viel Unerschrockenheit und ich genoss diese Herausforderung. Und wenn er gegangen war, blieb ich noch länger im Bett liegen, und während ich vor meinem inneren Auge Revue passieren ließ, was zwischen uns passiert war, befriedigte ich mich zu dem Gedanken wieder selbst.

Ob ich ihn liebte? Ich musste ihn lieben, denn ich war immer diejenige von uns beiden, die wartete. Alexis hingegen wartete nie. Manchmal hätte ich gerne den Spieß umgedreht und die Regeln unseres Spiels verändert, aber ich schaffte es nie. Jedes Mal fand ich mich wieder vor dem Telefon sitzend, und wenn es klingelte, nahm ich nach kurzem Warten den Hörer ab. Ich versuchte mich mit anderen Dingen zu beschäftigen, versuchte zu spät zu kommen, aber ich verlor trotzdem jedes Mal aufs Neue. Ich hasste das Warten, aber gleichzeitig liebte ich es auch. Zwischen diesen zwei Polen gefangen, dachte ich ständig über die Zeit nach, die mal verging und mal nicht verging. Deswegen kam ich irgendwann zu dem Schluss, dass ich Alexis lieben musste, denn der, der wartete, musste auch der Liebende sein.

„Ich habe gewartet."
„Worauf?"
Die Worte fanden keinen Ausgang aus meinem Körper.
Ich habe gewartet, weil ich dich liebe.

***

Alexis war ohne Vorwarnung für fünf Tage untergetaucht. Er rief nicht an, und mein Stolz war zu groß, um ihn anzurufen. Erst am vierten Tag wagte ich einen zaghaften Versuch und wählte seine Telefonnummer, aber erfolglos. Ich erinnere mich nur noch schemenhaft an diese fünf Tage, obwohl ich nicht vergessen habe, wie schrecklich ich mich damals fühlte. Gedankenbruchstücke sind zu einem einzigen Brei vermengt worden. Pausenloses Zigarettenrauchen auf dem Balkon, nichts mehr essen wollen, Wut, Angst, Sorge und nächtelanges Hin-und-her-Wälzen. Als er dann nach fünf Tagen endlich anrief, überlegte ich für einen Moment, ob ich einfach nicht drangehen sollte. Mir das alles nicht mehr geben und diesem Energieräuber keine Macht mehr über mich geben. Aber die Neugier überwog natürlich, und ich nahm ab.

„Ja?"

„Lucille?"

„Ja."

„Ich bin's." Er klang aufgebracht. „Es tut mir so unglaublich leid."

„Mhm." Ich versuchte, die Wut zu verbergen.

„Mein Onkel hat mich gefragt, ob ich ihm auf seinem Grundstück ein bisschen helfen kann, mit Reparaturen am Haus, bevor er es nächste Woche verkauft."

Das Blut rauschte in meinen Ohren. *Warum hast du dich nicht abgemeldet? Warum hast du nicht von dort aus angerufen? Warum bist du immer so gleichgültig?*

Ich sagte immer noch nichts.

„Jedenfalls bin ich jetzt wieder da und wollte einfach nur sagen, dass es mir leidtut, dass du nichts von mir gehört hast."

„Alles gut. Hab mir schon so was in der Art gedacht." Es hörte sich so beiläufig an.

„Das beruhigt mich. Ehrlich", antwortete er. „Wie geht's dir denn?"

„Ach, ganz gut, beschäftigt mit Proben und dem üblichen Zeug."

„Ja, kann ich mir vorstellen. Hast du Lust, was zu machen heute Abend?"

Natürlich trafen wir uns am Abend. Natürlich war ich wieder vor meinen eigenen Prinzipien eingeknickt.

Wir verbrachten den Abend mit Bier im Park und lagen auf der Wiese, aber die Einsicht oder schlichtweg Bemühungen, Dinge geradezubiegen, wie ich es mir von ihm erhofft hatte, blieben aus, bis ich es irgendwann nicht mehr aushielt und aufstand. Jetzt, nachdem ich schon Distanz zwischen uns gebracht hatte, drehte ich mich um und schrie: „Das Mindeste wäre, dass du mir hinterherläufst!"

Alexis saß noch immer auf dem Gras und blickte mich an wie ein begossener Pudel. Für eine Sekunde schien er zu zögern, dann stützte er sich mit einer Hand ab und stand auf. Er joggte mit der Gemütlichkeit eines störrischen Hundes, den man mit der Leine zu sich gezogen hatte, auf mich zu und blieb vor mir stehen.

„Sprich mit mir, Lucille."

„Ich habe wirklich nichts mehr zu sagen, nur Dinge zu schreien!"

„Schrei ruhig."

„Ich kann das nicht mehr", sagte ich und schaute weg. „Das mit uns macht keinen Sinn."

„Das hast du schon ein paarmal gesagt, Lucille."

„Ja, und ich meine es so. Du willst das nicht genug und mich auch nicht."

„Hör zu, Lucille. Das Problem ist, dass du ständig Sachen von mir erwartest, von denen du eigentlich weißt, dass sie so gar nicht ... gar nicht *ich* wären." Alexis blickte für einen Moment an mir vorbei. „Wenn du solche Sachen zu mir sagst, möchtest du, dass ich dir widerspreche und versuche, dich vom Gegenteil zu überzeugen, obwohl du eigentlich weißt, dass das gar nicht meine Art ist. Ich bin niemand, der dich überzeugen wird, zu bleiben, wenn du gehen willst, und das weißt du auch. Sicher, es verletzt mich, das zu hören, aber ich bin nicht der Typ, der dann anfängt zu bitten. Wenn du jemanden möchtest, der dir hinterherrennt, wenn du wegläufst und damit drohst, die Beziehung zu beenden, dann bin ich vielleicht nicht der Richtige für dich. Aber wenn du aufhörst, diese Reaktionen provozieren zu wollen, die einfach nicht meiner Persönlichkeit entsprechen, und versuchst, meine Sprache zu verstehen, dann, denke ich, könnten wir beide eigentlich ganz glücklich miteinander sein."

Er streckte eine Hand nach mir aus und berührte mich an der Schulter. Ich ging einen Schritt auf ihn zu und legte den Kopf an seine Brust.

„Ich möchte deine Sprache lernen", sagte ich müde. „Aber du musst auch wissen, dass es in meiner Sprache keine Worte gibt für fünftägiges Verschwinden."

„Wirklich nicht?", fragte er erstaunt. „Das ist merkwürdig, denn in meiner Sprache haben wir da Begriffe für. Bei uns nennt man solche Menschen üblicherweise ‚treulose Tomaten'."

Ich schüttelte den Kopf.

„Lucille, es tut mir wirklich leid. Es kommt nicht wieder vor."

„Ist in Ordnung."

„Ehrlich. Ich möchte das mit dir, und vielleicht kannst du es nicht sehen, aber ich strenge mich wirklich an, mich zu bessern. Gib mir ein bisschen Zeit."

***

Es änderte sich sehr lange nichts. Zu jeder Geschichte gibt es unterschiedliche Wahrheiten, aber es gibt selten eine einzige, die nicht angezweifelt wird. Über unsere Geschichte wurden viele Aussagen getroffen und ich stelle mir manchmal die Frage, ob diese subjektiven Ansichten die Wahrheit ungewollt verwischten und verfälschten. Dass ich Alexis betrog, entspricht der Wahrheit. Diese Wahrheit verändert sich allerdings, wenn man gewisse Konstanten mit in die Rechnung einfließen lässt. Mit der richtigen Auslegung einer Sache scheint man allen Frevel dieser Welt rechtfertigen zu können, und ich schöpfte aus einem großen Fundus an raffiniertem und geradezu hinterlistigem Wissen.

Wenn wir uns den Begriff „Betrug" nämlich genauer ansehen, uns die zugrunde liegende Bedeutung vergegenwärtigen, dann wendet sich das Blatt plötzlich und die Sache mit dem Wahrheitsanspruch wird komplexer. Betrug bedeutet streng genommen, dass jemand durch Täuschung bei einer anderen Person einen Irrtum, eine falsche Vorstellung erzeugt. War es nicht Alexis, der zuerst die Maske der Unaufrichtigkeit aufsetzte? Der mich mit seinen ambivalenten, zwielichtigen Signalen irreführte? Der meine falschen Vorstellungen über unsere Beziehung nicht aufdeckte, sondern geradezu geflissentlich unkommentiert ließ? Und trotzdem, das nützte mir nichts, denn eine der größten Täuschungen ist mit Sicherheit die, zu glauben, dass die Welt so existiert, wie wir sie sehen.

Ich betrog also Alexis. Ob ich das tat, weil ich mich andersherum um meine wertvolle Zeit betrogen fühlte, oder ob ich es auch unabhängig davon getan hätte, kann ich nicht sagen, weil ich es nicht weiß.

Ich verstand es selbst nicht, denn selbst als mir unser Zusammensein schon sehr vertraut war, erfüllte sein Anblick am Morgen, schlafend neben mir, mich immer wieder mit neuer Glückseligkeit.

Neben Frida existierte noch Jakob, der ebenfalls dem winzigen Zirkel von Menschen angehörte, denen ich Einblick in mein Innenleben gab. Ich erinnere mich noch sehr bildlich an den Tag, als Jakob und ich uns in der Schule kennenlernten.

Nach den Ferien war Jakob in unsere Klasse gewechselt, weil sein Vater eine Stelle in Berlin angeboten bekommen hatte und die ganze Familie aus Trier weggezogen war. Ich war damals dreizehn Jahre alt, und ich erinnere mich noch heute an das Gefühl von kognitiver Dissonanz, das dieses Alter durchgehend prägte. Die Schule war ein Ort, der mir verhasst war, ein Ort, an dem ich mich nie wohlfühlte und in dem das Gefühl von Inkompetenz zu einem klumpigen Kloß in meinem Hals anschwoll und letztlich dazu führte, dass meine mündlichen Noten besorgniserregend schlecht waren.

Was ich in der Schule an Aufsässigkeit und Ungehorsam versäumte, machte ich zu Hause wieder wett. Meine Eltern und ich stritten ständig, und das Türenknallen hatte sich zu meiner persönlichen Geheimwaffe, einer Art Ass im Ärmel entwickelt, weil es meine Mutter fuchsig machte. Es sorgte regelmäßig dafür, dass sie die Tür im nächsten Augenblick mit erhobenem Zeigefinger und den Worten „In diesem Haus werden keine Türen geknallt" wieder öffnete. Trotz des vielen Streitens zu Hause erlaubte ich mir nur ein bestimmtes Maß an Rebellion, weil es für eine Dreizehnjährige in der Auseinandersetzung mit den eigenen Eltern auch viel zu verlieren gab – nämlich die über alles geschätzte Freiheit. Insofern war auch das Türenknallen als letzte Instanz wie ein Minenfeld; man konnte nie wissen, bei welcher Tür bei meiner Mutter eine Grenze überschritten wurde, die dafür sorgen würde, dass ich meine eigene Tür für eine Weile nicht mehr von der anderen Seite zu sehen bekam.

Und auch abgesehen von der Freiheit, die es um jeden Preis zu bewahren galt, wollte ich die Illusion aufrechterhalten, noch immer ein Kind zu sein. Ich wollte abends zusammengerollt in meinem rot-orange gestreiften Schlafanzug auf dem Sofa liegen und den Kopf auf den Beinen meines Vaters ablegen, wohl wissend, dass ich am nächsten Tag nach der Schule in schwarzen

Netzstrumpfhosen und zigarettenrauchend mit meinen Freunden auf Parkplätzen abhängen würde. Das Repertoire der Persönlichkeiten war in diesem Alter nahezu unerschöpflich. Aber es führte auch dazu, dass ich abends wach im Bett lag und nicht wusste, was von mir bleiben würde, wenn ich auch die letzte Maske endlich abgelegt hätte.

Dass ich in der Zeit dieser großen Anpassung Jakob kennenlernte, war für den weiteren Verlauf meines Lebens von größter Bedeutung, weil ich bei ihm aufhörte, ein Chamäleon zu sein. Ich weiß nicht, wie es ihm gelang – sicher war es seine liebevolle Vorurteilslosigkeit –, sich durch die Schichten von aufgesetzten Charakterzügen zu bohren und zum wahren Kern meines Ichs vorzustoßen. Ein paar Tage nachdem er in unsere Klasse gekommen war, flog plötzlich ein zusammengefalteter Zettel auf meinen Schreibtisch. Ich hatte gerade gedankenverloren kleine Figuren in mein Heft gekritzelt und deswegen nicht mitbekommen, aus welcher Richtung der Zettel hergeflogen war. Ich schaute auf, und Jakobs angestrengtes und hastiges Blättern in seinem Buch verriet ihn.

Hey, Bernie, du hast coole Ohrringe an.

Es musste sich um einen Irrtum handeln, der Zettel war offensichtlich nicht an mich adressiert. Aber es gab auch keinen und keine Bernie in unserer Klasse, und meine Ohrringe, rote glitzernde Fliegenpilze an goldenen Kreolen, musste man entweder lieben oder hassen. Ich schrieb zurück: *Ich heiße Lucille.*

Der Irrtum bestand darin, dass Jakobs Großmütter Lucille und Bernie hießen und er sich nicht meinen Namen behalten hatte, sondern lediglich, dass ich wie seine Großmutter hieß. Von da an war ich Bernie für ihn, denn seiner Ansicht nach war Lucille ein zu eleganter Name für mich, und Bernie entsprach eher meiner aufmüpfigen Natur. Wir verbrachten viel Zeit mit Frida, aber es gab auch unzählige Nachmittage, an denen wir zu zweit nach der Schule Tiefkühlpizza aßen oder in der Stadt herumstreunten. Jakob fand alles toll, was ich tat, und jedes Drama und jeden Gefühlsausbruch meinerseits erduldete er tapfer. Er kam zu jeder Tanzaufführung, aß mit mir und meiner Familie zu Abend und telefonierte bis spät in die Nacht mit mir.

Es ging so weit, dass mein Vater anfing, mich zu necken, und mich ständig damit aufzog, dass Jakob ganz gewiss in mich verliebt sei. All das stritt ich mit beeindruckender Vehemenz ab, und trotzdem lösten manche seiner Provokationen ein Echo in mir aus und ich wusste, dass sie ein Stückchen Wahrheit beinhalteten. Ich genoss, dass es jemanden gab, der mein Versteckspiel nicht nur durchschaute, sondern dem meine aufgestülpten Persönlichkeiten geradezu missfielen und dem die echte „Bernie" die liebste war.

Umso erschütterter war ich, als Jakob drei Jahre später, wir waren mittlerweile sechzehn, plötzlich mit Linda zusammen war und ich die Aufmerksamkeit nun teilen musste. Ich bereute, dass ich zu lange gewartet hatte. Aber nicht einmal die Beziehung mit Linda, die übrigens bemerkenswerterweise drei Jahre hielt, konnte unserer Freundschaft Abbruch tun. Das Gefühl eines unsichtbaren Bandes zwischen uns kam nicht abhanden. Wenn er nicht bei Linda war, aßen wir weiterhin Tiefkühlpizza – zu Lindas großem Argwohn – und telefonierten stundenlang. Ich war schließlich zuerst da gewesen.

Jetzt, Jahre später, rief Jakob mich eines Abends an, und in seiner Stimme lag ein flehentlicher Unterton. Er müsse mit mir reden, ich müsse ihn treffen, es sei eilig. Bevor er auflegte, sagte er noch, dass er nicht viel Zeit hätte, und bat mich, nach draußen zu kommen. Er klingelte und ich traf ihn auf der Straße. Weil es regnete, stiegen wir in sein Auto und er ließ das Radio leise im Hintergrund laufen. Er wirkte angespannt.

„Wie geht's? Freust du dich, die Schule zu übernehmen?", fragte er.

Nur wenige Tage nach der Aufführung hatte Regina verkündet, dass sie plante, in den Ruhestand zu gehen. Überrascht hatte ich festgestellt, dass sie in meinen Augen nie gealtert war. Ich hatte nicht gemerkt, wie die Jahre an ihr vorbeigezogen waren. Nachdem die anderen den Raum verlassen hatten, hatte sie mich am Arm gepackt und mit ruhiger Stimme gefragt, ob ich nicht ihre Position übernehmen wolle.

„Das kann ich nicht! Ich habe doch gar nicht genug Erfahrung."

„Lucille, du hast Talent! Seit dem Tag, an dem du hier angefangen hast, bist du eine Bereicherung für mich gewesen." Sie hatte mich eindringlich angesehen und meine Arme gedrückt. Ich hatte gespürt, wie sich eine Welt vor mir aufbaute, an die ich nie zu denken gewagt hatte. „Ich werde ja nicht direkt weg sein. Ich unterstütze dich. Es wird ein fließender Übergang sein." Sie hatte gelächelt. Ich hatte plötzlich verstanden, dass sie alle Energie in die letzte Aufführung gesteckt hatte und dass sie nun guten Gewissens gehen konnte.

„Du hast eine einzigartige Vorstellungskraft. Eine kreative Ader in dir, mit der du zu Unglaublichem fähig sein wirst." Wieder hatte sie mich erwartungsvoll angesehen und ich hatte bemerkt, dass ich noch immer nichts erwidert hatte. „Ich brauche ein paar Tage, um darüber nachzudenken, Regina."

Ich drehte mich zu Jakob um. „Ich weiß nicht, ob ich dieser Verantwortung gewachsen bin. Aber trotzdem fühlt es sich an, als hätte sich für mich eine Tür geöffnet, die meinem Leben eine ganz neue Bestimmung gibt, irgendwie."

Er nickte langsam. „Es ist viel Verantwortung, das stimmt, aber nichts, dem du nicht gewachsen wärst, das weiß ich."

„Ich würde mich an einen Ort binden. An diese Stadt. Manchmal denke ich, dass ich einfach abhauen muss. Einfach alles stehen und liegen lassen und ein Nomadenleben führen. Ich lebe in der Natur und schaue Sonnenuntergängen zu, und wenn ich Hunger habe, dann klaue ich etwas vom nächsten Bauern, den ich finde."

„Ach ja, das hast du schon oft gesagt! Mach ruhig, ich bin gespannt, nach wie vielen Tagen du hier verzweifelst anrufst mit den letzten Münzen, die du auftreiben konntest, und um Hilfe bettelst."

„Du wolltest doch früher immer auswandern. Was ist daraus geworden?", entgegnete ich spöttisch.

„Ich war dreizehn, als ich das gesagt habe. Damals wollte ich auch Moon und später Andreas heißen, und das will ich jetzt auch nicht mehr." Er grinste. „Außerdem gefällt mir mein Leben mittlerweile. Ich habe nicht mehr den Drang, davor wegzurennen." Als er das sagte, blickte er mich an.

„Warum wolltest du mich so dringend sehen?", fragte ich.

Jakob drehte den Kopf zur Seite und blickte aus dem Fenster. „Du weißt es doch längst, Lucille." Er presste die Lippen zusammen. „Ich kann dir doch schon lang nichts mehr vorspielen."

Ich sagte nichts, aber ich wusste, dass es sinnlos war, ahnungslos zu tun. Ohne es beabsichtigt zu haben, legte ich meine Hand von hinten auf seinen Hals und hielt ihn einfach fest. Seine Haut war warm und weich.

„Ich krieg dich einfach nicht aus dem Kopf."

„Ich denke doch auch viel an dich, Jakob."

„Aber nicht so, wie ich an dich denke." Er wandte mir kurz das Gesicht zu, bevor er wieder mit leerem Blick aus dem Fenster starrte. „Ich versuche die Gedanken zu verdrängen, weil ich weiß, dass es hoffnungslos ist, aber es gelingt mir nicht. Meine Gefühle übermannen mich, und das macht mich wirklich völlig fertig. Und jetzt, nachdem du ihn kennengelernt hast, will ich mich einfach nur noch verkriechen und dich ein für alle Mal aus meinem Kopf kriegen. Ich merke, dass du das echt willst, das mit ihm. Und das ist auch vollkommen in Ordnung. Ich mein, er scheint ein anständiger Typ zu sein, abgesehen davon, dass die sozialen Fähigkeiten eher rudimentär sind." Er zwinkerte mir zu. „Aber ich hatte einfach dieses Bedürfnis, es auszusprechen, verstehst du? Es hat mich nicht losgelassen, und ich glaube, es ist wichtig für mich, dir das zu sagen, bevor ich mich zurückziehe, weil mich dieses Schweigen kaputtgemacht hat."

Ich nickte.

„Weil ich nur so weiß, dass ich wirklich all meine Chancen genutzt habe."

Jetzt schaute er mich endlich an und wir sahen einander in die Augen, ohne etwas zu sagen. *Es wäre so viel einfacher, wenn er es wäre und nicht Alexis*, dachte ich. Dann lehnte ich mich zu ihm rüber und umarmte ihn fest und so, wie wir uns schon oft umarmt hatten. In den Momenten, als sein Meerschweinchen Felix gestorben war, nachdem ich durch meine Fahrprüfung geflogen war, er sich von Linda getrennt hatte, und auch einfach an den Tagen, wenn das Leben sich für einen Moment unermesslich überfordernd angefühlt hatte. Aber heute war es anders. Für eine Weile blieben wir so, dann löste ich mich langsam von ihm. Ich spürte, wie mir plötzlich Hitze ins Gesicht stieg und mein Herz anfing zu pochen, und bevor ich wusste, wie mir geschah, spürte ich meine Lippen auf seinen. Wir küssten uns und ich hielt wieder seinen Hals umklammert, zog ihn näher zu mir. Ein Gefühl von Scham machte sich in mir breit, das aber übertrumpft wurde von einer nicht zu bremsenden Gier, die Jakobs Begehren in mir auslöste.

Alles passierte sehr schnell. Er zog mich zu sich, ließ den Sitz nach hinten gleiten und streifte mir das Kleid über den Kopf. Während wir in seinem Auto miteinander schliefen, dachte ich auch an Alexis und fragte mich, ob er wütend sein würde. Ob er überhaupt etwas empfinden würde, wenn er uns so sähe, oder ob er sich mit derselben Teilnahmslosigkeit abwenden würde, mit der er allen Situationen in seinem Leben begegnete. Mich so zu sehen, würde ihn schlichtweg wenig interessieren, und das machte mich todunglücklich.

Als wir fertig waren und ich mir das Kleid wieder überzog, sah Jakob mich an und fragte: „Warum hast du das gemacht? Warum hast du mich geküsst?"

„Ich weiß nicht", sagte ich, bevor ich die Tür aufmachte, ohne ihn anzuschauen, und in den mittlerweile strömenden Regen hinausstieg.

***

An einem heißen Sommertag machten wir einen Ausflug. Alexis war wieder mit dem Auto gekommen, diesmal hatte er allerdings nicht gehupt. Ich hatte die Beobachtung gemacht, dass er zurückhaltender war an den Tagen, an denen er nicht hupte. An solchen Tagen musste ich mich ins Zeug legen, um seine Zuneigung zurückzugewinnen. Es war ein ständiges Vor und Zurück. Nach jedem Schritt nach vorn folgten drei rückwärts, und ich wurde nicht schlau aus ihm. War es ein Spiel, das er spielte? Vielleicht fand er gar nichts an mir, sondern ich war eine bloße Ablenkung für den Sommer. Wie konnte es sein, dass ein anderer nicht ahnte, dass seine Abwesenheit Qualen in dir auslösen konnte, während du selbst ihm völlig gleichgültig warst? Was tat er, während ich zehn Mal durch die Hölle ging? Ob er in den Nächten, in denen ich sehnlichst auf einen Anruf wartete, überhaupt einen einzigen Gedanken an mich verschwendete?

Seit ein paar Tagen war ich jedoch unbesorgt, und dass er nicht hupte, brachte mich nicht aus dem Konzept. Viel zu stark waren die Erinnerungen an die vergangenen Nächte. Ich hatte durch meine Vorhänge gespäht und gewartet, bis sein Auto in die Straße einbog. Bevor er klingeln konnte, rannte ich die Treppen hinunter, riss die Haustür auf und sprang auf die Straße. Er sah verwundert aus, und bevor er etwas Gehässiges sagen konnte, öffnete ich die Beifahrertür, ließ mich auf den Sitz fallen und sagte: „Ich weiß, wo wir heute hinfahren." Er schien verwirrt zu sein und ich sagte schnell: „Ich habe gerade den Müll runtergebracht, deswegen wusste ich, dass du da bist." Am liebsten hätte ich die Worte zurückgenommen. Jede Rechtfertigung verschlimmerte die Sache. Ich hätte es dabei belassen sollen, dass ich ihn offensichtlich erwartet hatte.

„Also, wohin geht's denn?" Er überging meine Bemerkung.

„An einen ganz besonderen Ort. Nur eine halbe Stunde von hier entfernt. Nur wenn du Zeit hast natürlich." *Nur wenn du auch bereit bist, die Zeit mit mir anders als in meinem Bett zu verbringen*, fügte ich im Stillen hinzu.

„Ich habe Zeit", antwortete er bestimmt. Wir fuhren los und Alexis ließ die Fenster herunter. Der Fahrtwind trieb mir Tränen in die Augen, aber ich sagte nichts. Irgendwann schloss ich die Augen, mein Arm hing aus dem Fenster, und die Finger wurden fast vom heißen Metall versengt.

„Schläfst du? Du musst navigieren."

„Immer weiter geradeaus, wir sind fast da."

Später lagen wir mit ausgestreckten Armen und Beinen auf einer Lichtung im Blumenthalwald, in dem ich früher oft mit meinem Vater gewesen war und dessen Wege ich deshalb sehr gut kannte. In der Stadt war der schwarze Asphalt unter unseren Füßen fast geschmolzen, hier war das Gras angenehm kühl und erfrischend. Wir hatten unterwegs an der Tankstelle eine Flasche Sekt und frische Kirschen und Äpfel gekauft. Ich trank gerade das zweite Glas, Alexis hatte mir sofort nachgeschenkt.

„Lass ihn dir nicht zu Kopf steigen."

„Schon zu spät."

Unsere Finger verhakten sich ineinander und wir kicherten beide, weshalb, kann ich nicht sagen.

Weil der Alkohol mir meine Hemmung nahm und sie durch Entschlossenheit ersetzte, fragte ich, was mich schon seit einer Weile beschäftigte. „Was, denkst du, würde passieren, wenn ich den alten Alexis treffen würde?"

„Wenn wir uns später im Leben treffen würden?"

„Nein, wenn wir uns an entgegengesetzten Punkten in unserem Leben treffen würden. Ich in jung, du in alt. Was würdest du mir sagen?"

„Ich würde sagen, dass du an einem so heißen Sommertag weniger Sekt trinken solltest." Er zwinkerte mir zu.

„Nein, komm schon. Denkst du, du würdest mir sagen, was noch mit uns passiert?"

„Vielleicht würde ich es dir sagen."

„Mhm."

„Ich bin mir sogar ziemlich sicher, dass ich dir sagen würde, dass du mit mir nicht das beste Los gezogen hast."

„Warum das denn?"

„Ich habe dich gern genug, um nicht zu wollen, dass du irgendwann unglücklich wirst."

„Sehr selbstlos."

Er nahm einen großen Schluck aus der Sektflasche: „Bis jetzt habe ich den meisten Menschen in meinem Leben kein Glück gebracht."

„Also bin ich selbst schuld, wenn ich Zeit mit dir verbringe, denn daran, dass du anderen Leuten Unglück bringst, lässt sich nichts ändern."

„Ganz genau."

„Ah", antwortete ich. „Unsinn. Damit machst du es dir ein bisschen zu leicht."

„Nein, Lucille. Es ist so. Alles, was ich in meinem Leben angefasst habe, ist in meiner Hand zerfallen."

„Sehr dramatisch."

„Aber wahr."

„Bringe ich anderen auch Unglück?", fragte ich.

„Ich kann dir nur sagen, dass ich ziemlich unglücklich bin. Aber ich bin mir sicher, dass ich ohne dich noch unglücklicher wäre. Also würde ich deine Frage verneinen."

Wahrscheinlich war das das höchste der Gefühle, das ich je von ihm hören würde. Die stärkste Liebesbekundung, die seinerseits möglich war, und deswegen gab ich mich damit zufrieden. Ich dachte kurz an diesen Augenblick und fragte mich, wie ich mich in der Zukunft daran erinnern würde. Würde die Erinnerung mich glücklich machen oder doch eher traurig? Würde ich Scham empfinden über meine eigene Dämlichkeit und Naivität, die ich womöglich erst später verstehen würde? Würde ich irgendwann denken, dass er recht hatte? Gleichzeitig hatte ich keine Lust mehr, mich von dieser Unsicherheit hemmen zu lassen, und ich wollte auch meine Empfindungen nicht mehr hinterfragen. Ich verringerte deshalb die Distanz zwischen unseren Körpern und küsste ihn sanft auf den Mund.

„Küss mich weiter", verlangte er. Ich ließ seine Hand los und nahm sein Gesicht zwischen die Hände. Seine Hände wanderten zu meinem Rücken und er zog mich näher an sich ran. Ich genoss, wie einfach dieser Moment war und dass es ihm zumindest in diesen Momenten gelang, sein Verlangen ohne Sarkasmus zu äußern. Ich genoss auch, wie sein Körper auf meine Berührung reagierte und dass er tief einatmete, als ich mit meinem Finger die Rundungen und Kanten auf seiner Haut nachzeichnete. Mit einer einfachen Handbewegung öffnete er den Reißverschluss an meinem Kleid und zog den Träger über meine Schulter. Ich drehte mich auf den Rücken, um auch den anderen Träger runterzuschieben, und beobachtete dabei seinen Blick, der über meinen Körper glitt. Eine komische Sache, die Begierde, dachte ich. Entdecken wir das Begehren oder entdeckt das Begehren uns?

***

Der Herbst war fast vorbei. Ich war auf dem Weg in die „Rubine", weil ich auf einem Plakat in der Stadt gesehen hatte, dass einer meiner Lieblings-DJs auflegte. Zu Hause hatte ich eine angebrochene Prosecco-Flasche im Kühlschrank gefunden und sie mit hastigen Schlucken geleert. Bevor ich das Haus verließ und mit dem Fahrrad in die Disco fuhr, trug ich schwarzen Eyeliner auf und band mir die Haare zu einem hohen Pferdeschwanz. Ich stand in der ersten Reihe, bewegte mich zur Musik und wartete darauf, dass der Prosecco seine volle Wirkung entfaltete, denn ich hatte nicht genug Geld dabei, um mir an der Bar mehr Alkohol zu kaufen.

Nach einiger Zeit füllte sich der Saal und ich spürte Ellbogen an meinen Rippen, den Schweiß anderer Leute an meinem Rücken und Blicke an meinem Körper. Eine junge Frau, die neben mir stand, starrte mich unentwegt an und wandte den Blick nicht von mir ab. Ich drehte mich nicht um, bis sie mich irgendwann mit dem Finger antippte.

„Darf ich dir ein Kompliment machen?"

Ich hätte gerne Nein gesagt, aber dann sah ich den Joint in ihrer Hand.

„Klar."

„Dein Style ist exzentrisch, gefällt mir."

„Danke", antwortete ich, und nach kurzer Pause: „Hey, kann ich 'nen Zug haben?"

Sie reichte mir den Joint und ich zwinkerte ihr zu. Ich nahm ein paar tiefe Züge, und nachdem ich ihr den Joint zurückgereicht hatte, ließ ich mich, ohne mich zu verabschieden, in die Menge zurückfallen, wo ich nur für mich tanzte.

Ein großer Mann fiel mir auf, denn sein Kopf ragte ein paar Zentimeter über die der anderen hinaus. Er war mit seinen Freunden da und grinste unentwegt, wenn er sich mit einem von ihnen unterhielt. Er hatte dunkles Haar, blasse Haut und trug Jeans und T-Shirt. Beim Lachen zeigten sich Grübchen in seinen Wangen und ich konnte den Blick nicht von ihm abwenden. Unsere Blicke kreuzten sich nach einiger Zeit und er lächelte mich an. Das Ganze wiederholte sich noch zweimal, und als einer seiner Freunde mit einer Handbewegung andeutete, sie sollten nach draußen gehen, schlängelten sie sich durch die Menge und an mir vorbei. Als der Große dicht neben mir war, flüsterte er mir ins Ohr: „You are beautiful."

Ich überlegte für einen Moment, ob ich ihn nach seinem Namen fragen oder ihm nach draußen folgen sollte. Wir könnten auf dem Klo rummachen oder zusammen tanzen. Aber dann dachte ich an Alexis und verdrängte den Gedanken.

„Thank you."

KAPITEL VIER

ALEXIS (2023)

Man brauchte wirklich ein dickes Fell, um in diesem Jahrzehnt nicht die Nerven zu verlieren. Alle sprachen ständig über die Parallelität von Krisen und die Unmöglichkeit, sich dem Weltgeschehen zu entziehen. Und es stimmte, man brauchte sicher ein besonders hohes Maß an Ignoranz, um jetzt noch unpolitisch zu sein und zu denken, man selbst hätte mit dem Ganzen nichts zu tun. Aber es fühlte sich ja auch niemand mehr wirklich verantwortlich für das, was außerhalb der eigenen vier Wände passierte. Die modernen Wohlfahrtsstaaten hatten uns allesamt davon befreit, Verantwortung zu empfinden für das Leben da draußen. Alles, was in einem Menschen Verantwortungsbewusstsein auslösen und erwecken könnte, war nun Gegenstand von größeren Machtapparaten geworden.

Man ist ja nur ein Individuum! Nur ein Teil einer Gruppe! Die Unternehmen sind schuld! Man kann die Krisen unserer Zeit nur global lösen!

Was ich feststellte, während ich die Menschen um mich herum eingehend beobachtete, war, dass sie alle ein gewisses Grundrauschen nicht mehr loswurden. Wann hatten wir angefangen, nur noch mit eingezogenem Kopf durchs Leben zu wanken, immer bereit für das nächste Desaster, die neueste Katastrophe? Warum merkten wir nicht, dass wir unseren Gehirnen zu viel abverlangten, wenn wir die Probleme auf der anderen Seite des Globus gleichermaßen in uns aufsogen wie die aus dem eigenen Stadtviertel? Aber ein Zurück wäre ja auch keine Option mehr gewesen, das sah ich ein. Also doch lieber die Flut von Ereignissen über sich ergehen lassen.

Der Verstand war immer zerrüttet, durch die Detonation von News ständig verwüstet. War es nicht legitim, angesichts der Polykrise der Gegenwart von einem anderen und besseren Morgen zu träumen? Lucille regte sich täglich über die Zustände dieser Welt auf. „Lug und Trug" war ihre Bezeichnung für fast alles geworden, was auch nur den Anschein von Fadenscheinigkeit erweckte. Im Allgemeinen regte sie sich ununterbrochen über alles auf, was sie beobachtete und was ihr widerfuhr. Gesegnet waren die, die beobachten konnten, ohne zu allem, was passierte, auch eine Meinung oder ein Gefühl haben zu müssen, dachte ich.

„Lug und Trug."

„Selig sind die Sanftmütigen, denn sie werden das Erdreich besitzen", sagte ich.

„Was?"

„Jesus, Bergpredigt."

„Du spinnst doch. Wie kommst du jetzt darauf?"

„Ich konnte viel Kraft aus diesem Bibelspruch schöpfen."

„Du bist Atheist, Alexis."

„Ja, dennoch."

„Meine Güte."

Aber es war leichter, alles zu hassen und das Leben mit allem, was es mit sich brachte, ausnahmslos zu verneinen. Mit der schrecklichen Inbrunst eines vom Unglück gezeichneten Menschen verabscheute Lucille leider auch unsere Beziehung.

Zu meinem fünfundfünfzigsten Geburtstag schenkte mir meine sechsundzwanzig Jahre jüngere gute Freundin Thea ein Kochbuch, was mich damals belustigte und gleichzeitig verblüffte, weil ich mich fragte, ob Thea auch nur einen Bruchteil von dem verstanden hatte, was ich ihr in all den Jahren über mich erzählt hatte.

„Ich glaube, es würde dir guttun, Alex, wenn du mal ein neues Hobby ausprobierst und dich ein bisschen um dich selbst kümmerst."

Noch nie hatte ich mich seniler und jämmerlicher gefühlt.

„Warum nicht gleich Töpfern?"

„Mach erst mal 'ne Saltimbocca."

Ich gab nur ein Schnaufen von mir. Und trotzdem, nachdem das Kochbuch mich ganze sieben Monate lang bedrohlich aus dem Regal angestarrt hatte, hatte ich mich erweichen lassen und die abscheulichste Saltimbocca zubereitet, die die Menschheit je gesehen hatte.

„Kann ich das Salz haben, Alexis?", fragte Lucille vorsichtig.

„Ja, ich würde es nach dir nehmen", sagte Thea.

„Lasst das doch erst mal auf eurer Zunge explodieren!", antwortete ich. „Mit so viel Salz dran schmeckt man doch die vielen Geschmacksrichtungen gar nicht mehr."

„Es ist wirklich sehr lecker, Alexis."

„Danke."

„Wenn ich Yazz dann mitbringe nächstes Mal, müsstest du allerdings was Vegetarisches kochen, Alex." Thea lächelte mir freundlich zu.

„Die Kuh war doch vegetarisch, bevor sie geschlachtet wurde, sogar vegan." Ich zwinkerte ihr zu und sah aus den Augenwinkeln, wie Lucille die Augen verdrehte.

„Du bist wirklich die beste Verkörperung eines Boomers", sagte Thea.

„Und mit Rücksichtnahme bist du wirklich sehr partiell gesegnet", fügte Lucille hinzu.

Aber es blieb nicht bei schlechter Saltimbocca. In den Wochen darauf kochte ich Chili con und sin Carne, perfektionierte mein Ratatouille und flambierte Crème brulée, als hätte ich in meinem Leben nie etwas anderes gemacht.

Es war ein warmer Oktoberabend, als ich wieder einmal in der Küche stand, um meinem neuen „Hobby" nachzugehen, und eine Lasagne kochte. Lucille kam zur Tür herein, blieb einen Moment stehen, als sie mich sah, und verlor, ohne die Mundwinkel dabei wirklich zu bewegen, ein knappes „Hallo", bevor sie sich abwandte und im Wohnzimmer verschwand. Dass Lucille und ich uns schon so lange kannten, war Fluch und Segen zugleich. Die Vergangenheit war in uns beide eingraviert, und alles, was passierte, riss ständig alte Wunden auf. Und gleichzeitig kannten wir einander so gut, dass wir die nächsten Schritte des anderen immer schon im Voraus erahnen konnten. Ich spürte deshalb Unbehagen in mir aufkommen und machte das Radio aus.

„Ich mache eine Lasagne für uns. Bestes Hackfleisch vom Bauern aus der Region."

„Ich habe keine Zeit zum Essen."

„Warum?"

Nun kam sie zurück in die Küche, mit einem Funkeln in den Augen. Wie eine Katze sah sie aus, eine wütende Katze, die sich zum Sprung bereit macht. Ich war die Maus.

„Weil ich zurück ins Studio muss."

„Warum?", fragte ich wieder.

„Ich habe so einen Stress gerade mit dieser bescheuerten Versicherung. Das ist der größte Humbug, den die da fabrizieren, und ich hätte gerade echt andere Dinge zu tun, die wesentlich wichtiger sind. Geldverdienen zum Beispiel."

„Das ist wirklich ...", setzte ich an, aber sie unterbrach mich.

„Ich habe wirklich keine Zeit, sorry."

Ich murmelte etwas Unverständliches.

„Was?" Sie blickte mich verächtlich an.

„Nichts. Ich weiß nicht, was ich sagen soll."

„Du musst nichts sagen, koch einfach weiter deine großartige Lasagne."

„Du machst mir ein schlechtes Gewissen. Ich kann doch auch nichts dafür, dass die Pandemie mich meinen Job gekostet hat und ich jetzt nicht mehr so viel arbeite wie vorher."

„Ich kann nicht glauben, dass du immer noch von der Pandemie sprichst."

„Na ja, es hat eben für einige Umbrüche gesorgt. Ich wäre finanziell fast zugrunde gegangen. Unsere Branche hat so sehr gelitten wie kaum eine andere, Lucille."

„Es ist 2023!"

„Ja, das ist richtig."

„Man würde dir den roten Teppich ausrollen, Alexis, wenn du wieder als Lichttechniker arbeiten würdest."

„So einfach ist es auch nicht."

„Ich höre von allen Seiten, dass die Auftragslage so gut ist wie lange nicht mehr. All die Selbstständigen, die wie du ausgestiegen sind, werden jetzt gerade händeringend gesucht!"

„Ich weiß nicht."

„Vielleicht ist es an der Zeit, die Selbstständigkeit abzulegen, wenn sie dich so viele Nerven kostet."

„Ich bin sechsundfünfzig Jahre alt, Lucille. Ich werde meine Selbstständigkeit mit Klauen und Zähnen verteidigen, wenn es drauf ankommt. Du würdest dich jetzt doch auch nicht mehr anstellen lassen."

„Dann würden dich solche Tiefschläge wie durch die Pandemie nicht in diesem Ausmaß aus der Bahn werfen."

„Ja, aber das ist ja jetzt vorbei."

„Ja, eben. Das sag ich ja. Die Pandemie ist vorbei, du musst nicht mehr als Hausmeister arbeiten oder irgendwelchen Bekannten die Elektrik im Haus machen. Du kannst zurück in deinen Job! Ich kann wirklich nicht verstehen, wieso du diese Chance gerade nicht nutzen willst. Das ist die Gelegenheit für dich, das finanzielle Unrecht des letzten Jahrzehnts geradezubiegen und endlich eine Gage zu verlangen, die deiner Arbeit und Erfahrung gerecht wird."

Ich sagte nichts.

„Du ruhst dich ziemlich darauf aus, dass ich weiterhin voll arbeiten gehe", sagte sie leise.

Meine zurückkehrende Unbeschwertheit und meine Freude am Leben mussten sich für Lucille wie ein Dolch im Rücken anfühlen.

„Das ist nicht fair, finde ich. Du bist in einer anderen Position. Du bist glücklicherweise darum herumgekommen, Grundsicherung zu beantragen."

„Ja, Alexis, weil ich Glück hatte, aber auch, weil ich nach zwei Monaten Pandemie überlegt habe, wie ich mich neu aufstellen kann. Das hat mich auch Überwindung und Umdenken gekostet. Dir geht es doch um was ganz anderes, Alexis, sei doch einfach einmal ehrlich zu dir selbst. Der Beruf hat dich ausgelaugt, das hast du in der Leerlaufphase gemerkt und jetzt sträubst du dich dagegen, zurückzugehen. Aus Angst, dass du dem Lebensstil mental nicht mehr gewachsen bist."

„Natürlich habe ich Angst. Ich habe oft genug am eigenen Leib miterlebt, wie Kollegen abgekratzt sind, weil der Job sie in den Suizid oder die Sucht getrieben hat. Für eigene Probleme gibt es keinen Raum, und die Zeitfenster werden immer schmaler, es wird immer mehr von uns erwartet. Der Job ist nicht mehr so wie damals."

„Halleluja! Danke, dass du es dir endlich mal selbst eingestehst."

Ich war still.

„Ich muss los, ansonsten werden wir beide bald keine Bio-Lasagne, sondern nur noch Nudeln mit Pesto sehen."

„Ich glaube, du weißt nicht, wie viel Überwindung es mich kostet."

„Doch, das weiß ich. Und ich sage dir auch seit Jahren, dass du aus dem Nachtgeschäft aussteigen kannst. Keine Events mehr zu unregelmäßigen, späten Zeiten, keine Partys bis zum frühen Morgen, keine Konzerte mehr. Du könntest bei Museen, Messen, Kongress- und Stadthallen oder was weiß ich anfragen. Die Expertise hast du allemal. Du kannst ja ganz langsam wieder ins Geschäft einsteigen, aber überhaupt einzusteigen wäre wirklich eine wunderbare Entlastung für mich."

„Ich lass es mir mal durch den Kopf gehen."

„Das wäre schön, ich würde es nämlich wirklich begrüßen, wenn du dich ein bisschen mehr an unserer Lebenserhaltung beteiligen würdest. Denn ich bin körperlich und psychisch schon lange am Limit. Ich kann nicht mehr! Ich kann wirklich nicht mehr."

„Das möchte ich nicht, ehrlich. Gut, dass wir drüber gesprochen haben."

„Das hättest du wirklich auch so wissen können."

„Wir sind vielleicht beide ein bisschen zu sehr um uns selbst gekreist in letzter Zeit."

„Also dafür, dass ich um mich selbst kreise, geht es dir aber erstaunlich gut."

Sie drehte sich um und die Tür krachte hinter ihr ins Schloss. Mit einem Mal kam ich mir albern vor, wie ich da mit den Topflappen in der Hand stand, eine verdammte Lasagne kochte und zur Musik des Radios getanzt hatte, als würde ich das sorglose Leben eines wohlhabenden Familienvaters führen, dessen Partnerin nicht an Depression und Erschöpfung, sondern schlichtweg an einer Laktoseintoleranz litt.

Aber wer waren wir denn, dass wir dachten, wir könnten Menschen in unserem Alter noch verändern?

***

Wenn mir die Stadt zu viel wurde, verkroch ich mich an einen meiner Rückzugsorte, wo das pulsierende Leben für einen Moment den Atem anhielt und die Zeit apathisch dahinrann. Wenn ich Stille brauchte, die nur durch das Zweigeknacken eines Eichelhähers unterbrochen wurde, fuhr ich raus in den Blumenthalwald. Oft lag ich auch auf einer kleinen Böschung am Weißensee, wo es unter der Woche ruhig war, und blickte seelenruhig aufs Wasser. Manchmal reichte mir eine ruhige Buchhandlung oder ein Café, so wie auch am Nachmittag des ersten November, als ich in die Buchhandlung ocelot am Rosenthaler Platz ging. Aus irgendeinem Grund hat sich mir dieses Ereignis fest ins Gedächtnis gebrannt, vielleicht weil dieser Besuch ganz anders war als alle vorherigen Nachmittage in der Buchhandlung und weil ich manchmal denke, dass mir die Idee, diese Geschichte zu Papier zu bringen, an diesem Tag kam. Zunächst war alles wie gewöhnlich und ich bestellte mir einen Kaffee, bevor ich mich auf einem der Stühle am Fenster niederließ und die Zeitung aufschlug, die ich mir morgens am Kiosk gekauft hatte.

Laut WHO sind 150 Minuten Bewegung pro Woche das Minimum, um Herzkrankheiten, Fettleibigkeit, Depression und Demenz vorzubeugen – das waren die ersten Zeilen, die mir entgegensprangen, und ich schlug die Zeitung sofort wieder zu. Ich fing an, das gemütliche Treiben im Laden zu beobachten, und konzentrierte mich auf die Geräusche von zuklappenden Büchern, von umgeblätterten Seiten, leises Stimmengewirr, das mechanische Geräusch der Kaffeemaschine und das Klirren von Geschirr. Ich war so versunken, dass mich die Worte „Entschuldigung, hallo" tief aus meinem nahezu tranceartigen Zustand rissen. Ich hatte die Person neben mir nicht bemerkt, und als ich den Kopf zu ihr drehte, blickte ich in das Gesicht einer jungen Frau, die direkt neben mir saß und ein Dutzend Bücher, darunter auch zwei Notizbücher, sowie ihren Laptop vor sich ausgebreitet hatte. Inmitten dieses Chaos stand eine dampfend heiße Tasse Kaffee.

„Darf ich Sie kurz stören?"

„Ja, klar", antwortete ich, obwohl ich eigentlich gerne verneint hätte. Ich betrachtete weiterhin fasziniert das Bücherchaos auf ihrem Tisch und fragte mich, was sie wohl machte. Vielleicht war sie eine überengagierte Sozialwissenschaftsstudentin, die mich zu meinem persönlichen Fleischkonsum befragen wollte. Eine Psychologiestudentin, die anhand meines trüben und leeren Gesichtsausdrucks festgestellt hatte, dass ich ein besonders reizvolles Opfer für ihre wissenschaftliche Umfrage war.

„Ich schreibe ein Buch. Und ich habe gerade eine Schreibblockade."

Das war noch viel schlimmer als das, was ich befürchtet hatte.

„Deswegen wollte ich fragen, ob ich Ihnen vielleicht eine persönliche Frage stellen könnte."

Die Worte ratterten wie Schüsse in meinem Kopf.

„Ich kann mir nicht vorstellen, wie ich da eine große Hilfe sein könnte, aber sicher, fragen Sie."

„Sind Sie aus Berlin?"

„Ja."

„Gut, denn mein Protagonist ist auch hier aufgewachsen, aber es fällt mir schwer, sein Erwachsenwerden in Berlin zu beschreiben, weil ich in einer anderen Zeit geboren bin als er und ich mir ein Berlin vor dreißig Jahren kaum vorstellen kann."

„Wie alt sind Sie denn?"

„Dreiundzwanzig, fast vierundzwanzig."

Ich nickte.

„Und wie alt sind Sie, wenn ich fragen darf?"

„Sechsundfünfzig, fast siebenundfünfzig."

„Ah."

„Ja."

Wir schauten uns einen Moment an, misstrauisch und dennoch neugierig.

„Sie kommen auch aus Berlin?"

„Nein, ich wohne noch nicht lange hier."

„Ah, verstehe. Bald kippt der Planet noch, weil alle nach Berlin gehen."

„Sorry", sagte sie. „Zumindest wohne ich nicht in Neukölln."

„Ist Hafermilch in Ihrem Kaffee?"

„Ein bisschen."

„Sehen Sie?"

Ich bemerkte, dass sie die Stirn runzelte, vielleicht schon bereute, mich angesprochen zu haben, und ich hatte sofort Theas vorwurfsvollen Gesichtsausdruck im Kopf.

„Machen Sie sich nichts draus. Ich wäre wahrscheinlich auch nach Berlin gezogen in Ihrem Alter."

„Können Sie sich noch gut an die Zeit erinnern, als Sie in meinem Alter waren, und wie sich das Leben in Berlin für Sie angefühlt hat?"

„Sehr gut sogar."

„Sehr gut? Wie kommt's?" Sie wirkte ehrlich interessiert, als wäre ich kein Wildfremder, dessen Geschichte ihr wahrlich egal sein konnte, sondern ein enger Vertrauter.

„Weil ich mich noch nie zuvor so hochgradig aus den Augen verloren habe wie mit vierundzwanzig Jahren."

Für einen Moment schien sie verwirrt zu sein, aber dann war ihr Blick wieder erwartungsvoll.

„Das hört sich wirklich sehr interessant an."

„Interessant würde ich nicht sagen, eher tragisch", antwortete ich, weil mich die Wissbegier dieser jungen Frau amüsierte und ich die Spannung ein bisschen ausreizen wollte. „Man könnte sagen, es war der Beginn einer entsetzlichen Geschichte." Ich presste theatralisch die Lippen zusammen.

„Was passierte damals?", fragte sie, und etwas anderes hatte sich in ihren Blick gemischt, Besorgnis und Zuneigung.

„Innerhalb eines Jahres hat mich meine erste Liebe verlassen, ein guter Freund starb, und kurz darauf lernte ich meine Frau kennen."

„Oh." Sie verstummte. „Mir fehlen die Worte."

„Ich habe mich in der Vergangenheit viel zu oft in der gedanklichen Sackgasse verrannt, was passiert wäre, wenn dieses eine Lebensjahr anders abgelaufen wäre."

„Ja, das verstehe ich."

„Und was schreiben Sie?"

„Eine Liebesgeschichte. Sie ist ziemlich tragisch und teilweise düster, um ehrlich zu sein. Meine Mutter sagt, man muss sie aushalten können."

„Was reizt Sie daran, so düster zu schreiben?"

„Ich weiß nicht, ich habe noch nie besonders gern fröhliche oder leichte Sachen geschrieben."

„Sie haben schon andere Bücher geschrieben?"

„Nein, nur Kurzgeschichten."

„Ihr Debüt also."

„Noch ist es nicht fertig."

„Und wie äußert sich Ihre momentane Schreibblockade?"

„Mir fehlt gerade ein Twist in der Geschichte irgendwie."

„Im Leben Ihres jungen Protagonisten in Berlin vor dreißig Jahren?"

„Ganz genau."

„Bedienen Sie sich gern an den Erlebnissen meines vierundzwanzigjährigen Ichs. Düster und tragisch sind die Ereignisse allemal."

„Beschreiben Sie Ihr Berlin von damals für mich", verlangte sie, setzte sich auf ihrem Stuhl aufrecht hin und band ihre blonden Haare zu einem engen Knoten zusammen. „So kann ich mich besser konzentrieren", sagte sie, als sie meinen Blick bemerkte. Mit dem entschlossenen Eifer der Jugend klickte sie auf ihrem Kugelschreiber herum, zückte eines ihrer Notizbücher und sah mich erwartungsvoll an.

„Hässlich, abgründig und magisch", sagte ich, wohl wissend, dass ich ihre Sensationslust damit großzügig fütterte. „Das würde mein Gefühl zum Berlin von damals beschreiben."

Ihre Augen wurden größer, und ich lehnte mich gemütlich auf meinem Stuhl zurück und verschränkte die Hände auf dem Tisch ineinander. Ich räusperte mich und begann zu erzählen, und augenblicklich fühlte ich mich wie in die Vergangenheit zurückgeworfen. Ich weiß, wie lückenhaft und unzuverlässig die Erinnerung ist. Ganze Passagen werden mit der Zeit von unseren Emotionen umgeschrieben, so modifiziert, dass sie in das Schema passen, das wir zu unserer eigenen Person angefertigt haben. Was bleibt, ist manchmal ein bloßes Gefühl, und wenn ich jetzt an die Zeit von damals zurückdenke, dann spüre ich eine enorme Kluft, die sich zwischen der verschwommenen Version eines jüngeren Alexis und mir aufgetan hat, und die Sätze und Taten dieses Alexis hängen noch in der Luft, aber ich kann mich nicht mehr mit ihnen identifizieren.

Was ich weiß, ist: Wenn ich heute durch die Straßen meiner Heimatstadt stolpere, fühle ich mich nicht mehr zu der

Verwesung und der Hässlichkeit, dem Verfall und allem Destruktiven hingezogen, das sich in den Straßen Berlins abspielt und mich damals faszinierte. Im Auge meiner Erinnerung aber weiß ich, dass mein Herz mit Anfang zwanzig schneller schlug, jedes Mal, wenn mir der süßlich-warme, nach Pisse riechende Luftschwall aus den U-Bahn-Stationen entgegenströmte. Und wenn ich die mit Kaugummi vollgepflasterten Stufen Richtung Tageslicht erklomm und mich an Pennern, verhärmten Gestalten und besoffenen Männern vorbeischlängelte, alle in unterschiedlichen Stadien des Verfalls, spürte ich das pulsierende Leben in mir. Wenn man oben ankam – man wusste, dass man wieder draußen war, wenn man die Taubenscheiße auf dem Asphalt sehen konnte –, prasselten die Eindrücke erst so richtig auf einen ein. Stimmengewirr, hastig vorbeirennende Anzugträger auf dem Weg zur Arbeit, Ghettoblaster, die auf Schultern getragen wurden, brüllende Verrückte, kackende Hunde an Leinen, wankende und zugedröhnte Discogänger auf dem Nachhauseweg und müde Eltern mit schreienden Kindern an den Händen.

In alldem fühlte ich mich wohl und ich tat, als könnte mich auf den Straßen Berlins nichts mehr überraschen, obwohl es nicht so war. Je abgründiger, je tobender und je hässlicher das Bild vor meinen Augen war, desto mehr stieß es auf Resonanz in mir und ich fühlte mich bestätigt in meiner Sicht auf die Welt. Die Nacht war deswegen besonders verlockend. Wenn die Gehwege noch keine Kehrwagen zu Gesicht bekommen hatten und besonders glitschig waren von dem Müll, dem Alkohol und den Exkrementen von Tieren und Menschen, die sich ihrer entledigt hatten. Ja, dann war ich in meinem Element. Ich wollte Teil dieser hässlichen Stadt sein, weil ich mich mit all dem Hässlichen verbinden wollte, das auch in mir selbst schlummerte. Das gab meiner Gleichgültigkeit einen ganz besonderen Glanz.

Wenn ich an diese Zeit zurückdenke, dann denke ich immer auch an Olena. Die Erinnerung löst nicht mehr Reue oder Kummer in mir aus, und ich frage mich auch seit langem schon nicht mehr, was passiert wäre, wenn ich nicht so ein verdammter Trottel gewesen wäre. Aber ich bin auch nicht gleichgültig geworden, weil ich weiß, wie viel es mir damals bedeutete. Ich sehe meine erste Wohnung noch vor mir und ein Leben mit Olena, das sich dort drin abspielte.

Wir trafen uns das erste Mal auf einem Konzert, das ihr Freund Jacques in einer kleinen Bar in Kreuzberg gab. Ich weiß noch, wie sie an der Bühne stand und tanzte, die Augen geschlossen, und mich mit ihrer raumgreifenden Ausstrahlung in den Bann zog. Es war, als würde ich auf ein Magnetfeld zulaufen, so fasziniert war ich von dieser Frau in der ersten Reihe. Ruhig und furchtlos und wachsam, das dachte ich, nachdem ich sie gesehen hatte. Interessanterweise erwies sich dieser Eindruck über die Jahre hinweg nie als falsch. Langsam schlängelte ich mich zu ihr vor wie ein Raubtier, das sein nächstes Opfer gewittert hat, und fühlte mich absolut schäbig dabei, weil meine Absichten für alle Umstehenden so eindeutig sein mussten. Zunächst stand ich nur neben ihr und wippte von einem Bein aufs andere, ohne sie anzusehen. Schließlich schaute ich sie direkt an und wartete, bis sie den Blick erwiderte, aber sie blickte weiter stur nach vorne, obwohl sie mich wahrgenommen haben musste.

„Kennst du den Musiker?", fragte ich schließlich.

Sie wandte mir kurz den Kopf zu. „Ja, warum? Soll ich ihn dir vorstellen?"

Ich war mir sicher, sie musste meine Absicht verstanden haben, aber ich konnte trotzdem nicht sagen, ob es Trotz oder Naivität war, was in ihrer Frage mitschwang.

„Nein, nein, schon gut. Aber die Musik gefällt mir echt richtig gut", log ich, denn die Musik war vielleicht nicht schlecht, aber so gut, dass man dafür in der ersten Reihe stehen musste, war sie gewiss auch nicht. „Und woher kennt ihr euch?", rief ich.

„Über Freunde." Sie wandte den Kopf wieder ab.

„Cool, cool." Das Gespräch durfte nicht enden, deswegen nahm ich meine Zigaretten aus der Hosentasche und hielt ihr das Päckchen hin. Sie nahm sich eine und wir rauchten.

Drei Zigaretten und eine Stunde weiteren zaghaften Gepländels später, das vor allem von mir hartnäckig vorangetrieben wurde, fanden wir uns vor der Bar wieder. Die Nacht war frostig und neblig, und wir warteten auf Jacques' Freunde. Jacques, ein hagerer, hochgewachsener Typ, dessen beim Grinsen aufblitzende Schneidezähne mich an das Gebiss eines Krokodils erinnerten und der, wenn er sprach, totale Aufmerksamkeit von allen Umstehenden erwartete, ließ mich anfangs wenig Sympathie empfinden. Nicht nur hinderte mich seine Anwesenheit daran, Olena weiter für mich zu gewinnen – was bereits ohne Hindernisse Herausforderung genug gewesen wäre –, sondern er hielt sich noch dazu für so witzig und geistreich, dass er gar nicht daran dachte, die Bühne, auf der er eben noch gestanden hatte, auch sinnbildlich zu verlassen. Dass ich ihn persönlich kennenlernte, führte dazu, dass ich seine Musik nicht mehr nur mittelmäßig, sondern regelrecht abscheulich fand. Aber es hatte auch Vorzüge, mit Jacques bekannt zu sein, denn alles an ihm, was Antipathie erregte, machte er durch seine Großzügigkeit wieder wett.

An diesem Abend erfuhr ich, dass Olena und Jacques sich erst seit einigen Monaten kannten, er ihr aber bereits einen Song mit dem Namen „Brown Sick Eyes" gewidmet hatte, sein Wortschatz überwiegend aus Wörtern wie „total krank", „fuck", „Drecksau" und „Fluppe und Schnee" bestand und er Drogen in einer Geschwindigkeit konsumierte, dass einem beim Zusehen schwindelig wurde. Woher er das Geld hatte, sich diesen großspurigen Lebensstil zu finanzieren, blieb bis zum Schluss ein Mysterium, sicher war aber, dass er Unmengen davon für Drogen und Alkohol raushaute. Aber er teilte, denn: „Mit Gift geizt man nicht" war seine Devise. An Hybris fehlte es ihm jedenfalls nicht, denn wenn wir nach dem Feiern noch auf einen Absacker zu ihm taumelten, war es ausschließlich seine eigene Musik, die wir uns anhören mussten. „Jetzt gut aufpassen, hört ihr das? Der nächste Part ist total krank. Achtung, Achtung, jetzt! Fuck, ja. Total krank!" In seiner Stimme schwang solcher Wahnsinn mit, dass ich nicht anders konnte, als Mitleid mit ihm zu empfinden.

Damals dachte ich, dass diese Torheit ihn davor bewahrte, die Trostlosigkeit seines eigenen Lebens zu spüren. Ich fand noch heraus, dass ich mit dieser Vermutung absolut falschlag. Aber es war wirklich schwer zu glauben, dass es hinter der Fassade anders aussah und er selbst sich die Ekstase und den aufgesetzten Glanz seines Lebens auch nicht abnahm. Ich denke noch oft an sein krokodilhaftes Grinsen und seine dämlichen Sprüche zurück. Durch ihn lernte ich, dass auch die beste Tarnung einem nicht dabei hilft, das dunkle Loch in sich selbst zu stopfen, und dass der tückischste Abgrund meistens genau dort lauert, wo das Leben nach außen hin am hellsten leuchtet. Jedes Mal, wenn sein Gesicht vor meinem inneren Auge aufflackert, ermahne ich mich, den Umhang meiner eigenen Selbsttäuschung abzulegen und der Wahrheit in mir ins Auge zu blicken, so dunkel sie auch sein mag. Wer weiß, ob ich nicht selbst vor die Hunde gegangen wäre, hätte ich diese Lektion nicht rechtzeitig durch Jacques gelernt?

Aber bevor die Dinge einen schrecklichen Lauf nehmen konnten, waren da Abende, an die ich mich ohne ein Gefühl von Scham oder Schmerz erinnere. Momente, in denen ich Jacques manchmal aus einem Gefühl von Freude und Zuneigung heraus packte und umarmte und in denen ich ihn gerne vor der gnadenlos brutalen Welt beschützt hätte. Ich glaube, unsere Freundschaft begann in dem Moment, als er mich eines Abends plötzlich küsste, mir, ehe ich wusste, wie mir geschah, mit der Zunge eine Ecstasy-Pille in den Mund legte und sagte: „Kill me with your doomed love, baby."

Und dann lächelte er mich an, als hätte er gerade etwas besonders Originelles gesagt, was er vielleicht auch getan hatte, aber ich verstand es nicht. Auch diese Sätze gehörten zu der Figur, die er voller Eifer aufrechtzuerhalten versuchte. Ich glaube, dass er das Gefühl brauchte, die treibende Kraft zu sein, die uns alle zusammenhielt, und gleichzeitig unser Lehrmeister zu sein, der uns die Regeln des Lebens vor Augen führte, obwohl er selbst eine solche Person am allermeisten gebraucht hätte. Aber es funktionierte, und in den Momenten, in denen ich nicht nüchtern war, liebte ich diesen wahnsinnigen Mann mit meinem ganzen Herzen.

Ich glaube, dass wir uns in einer Zeit in unserem jeweiligen Leben trafen, in der wir besonders bedürftig waren, was die Finsternis in unseren Köpfen betraf, und dementsprechend auch besonders anfällig für jede mögliche Ausflucht. Das abscheuliche Gemisch aus unterschiedlichem Zeug, das wir fast täglich zu uns nahmen und das für den Moment alles betäubte, hielt uns zusammen. Dadurch nämlich, dass wir beide den gleichen Lebensstil pflegten, mussten wir uns zumindest voreinander nicht dafür rechtfertigen. Und mit Jacques zusammen zu sein, bedeutete, auch mit Olena zusammen zu sein, denn Jacques vergötterte sie. Er nannte sie „meine Schöne", und ich muss gestehen, dass zwar vieles in seinem Leben fragwürdig, zuweilen schaudererregend war, er sich aber so liebevoll um Olena sorgte, als wäre sie seine Schwester.

Die frühen Morgenstunden nach dem Feiern gehörten nur Olena und mir. Wenn wir nach draußen ins kühle Morgenlicht stolperten, wo im Frühling die Vögel bereits fröhlich miteinander plauschten und die Erde von der Sonne schon sacht wach geküsst worden war, setzten wir uns beim Bäcker Albrecht hin und aßen schweigend Croissants und rauchten dabei Zigaretten, die einem zu dieser Uhrzeit längst nicht mehr schmeckten. Wir waren so häufig dort, dass der Bäcker uns kannte und manchmal frischen Orangensaft auf den Tisch stellte. Ganz selten war Jacques oder ein anderer Freund von Olena dabei und durchbrach dann die Stille mit unnötigem Geplänkel, für das eigentlich alle zu müde waren, aber meistens waren es wirklich nur wir zwei.

Und wenn Olenas Augen irgendwann zufielen oder ihr Kopf auf meine Schulter sank, war es Zeit, zu gehen. Arm in Arm liefen wir dann zu meiner Wohnung, noch früh genug, um dem Wochenendtreiben auf den Straßen zu entgehen und kein schlechtes Gewissen davon zu bekommen, aber dennoch so spät, dass uns die müden Füße kaum noch halten konnten und vom vergangenen Alkoholrausch nur noch Müdigkeit zu spüren war. Wenn wir dann mittags aufwachten – die Haare klebten einem im Nacken und dem Mund entströmte ein Geruch von Verwesung –, wusste ich, dass ich voller Selbsthass wach geworden wäre, wenn Olena nicht neben mir gelegen hätte. Aber so schmiegte ich mich wieder an sie, wir verbrachten den Tag im Bett, und die Gedanken darüber, dass ich dieses Leben nicht für immer so führen konnte, kamen gar nicht erst an die Oberfläche.

Stattdessen redeten wir viel, denn wir hatten uns einiges zu erzählen. Wir diskutierten miteinander über alles Mögliche, hielten Persönliches aber trotzdem eher zurück, obwohl wir uns beide bemühten, dem anderen Zutritt zu den privateren Sphären in unseren Köpfen zu gewähren. Ich verliebte mich Hals über Kopf in sie, aber diese Erfahrung prallte gegen etwas anderes in mir, das genauso mächtig und kraftvoll war. Was auch immer ich an Liebe empfand für Olena, ein anderes Ich, das voller Hass und Angst war, wütete umso heftiger in meinem Körper. Die beiden Ichs hätten widersprüchlicher nicht sein können. Das Gefühl der Angst saß mir ständig im Nacken, und wenn ich sah, wie Olena mich anblickte, wurde mir manchmal speiübel, weil ich wusste, dass etwas Hässliches in mir schlummerte, von dem sie nichts wusste.

Ich ließ ein Gemälde, das Olenas Gesicht wiedergab, von einem gemeinsamen Freund anfertigen und stellte es in meiner Wohnung auf. Ich erinnere mich noch ganz deutlich an den Tag, als wir zu dritt im Atelier saßen und ich Olena klare Anweisungen gab und ihren Kopf ständig hin- und herdrehte, bis ich zufrieden war.

„Und jetzt schau nach oben und schau mich an. Kopf ein bisschen nach rechts drehen. Ja! Ja! Genau so, so ist es perfekt." Ich war euphorisch. „Jetzt, Elio, genau diesen Moment will ich auf der Leinwand haben."

Olena lachte, verdrehte die Augen und sagte, ich sei albern, und ich weiß, wie einfach und banal dieser Moment war und wie wenig es gebraucht hatte, um diese Leichtigkeit heraufzubeschwören, aber nie liebte ich Olena mehr als in diesem Augenblick. Ich spürte diese Kraft sofort wieder, jedes Mal, wenn ich das Bild betrachtete, und trotzdem weiß ich auch, dass mich eine unsägliche Panik befiel, als ich da im Atelier stand, weil ich von einer entsetzlichen Ahnung überwältigt wurde.

Und ich irrte mich nicht, denn der anfängliche Zauber zwischen uns wich relativ schnell einem Schatten, der sich hinter uns aufzutürmen schien und höher und höher wuchs. Dieser Schatten kam, als Olena eine Stelle als Fremdsprachensekretärin angeboten bekam und ihren Job in der Bar an den Nagel hängte. Sie musste nun „Verantwortung übernehmen" und konnte sich die Nächte nicht mehr um die Ohren schlagen. Eine Weile versuchten wir es weiterhin mit unseren unterschiedlichen Rhythmen, aber vergeblich. Ich hatte wenig Jobs tagsüber, wurde fast nur für Partys und Events nachts gebucht, und so sahen wir uns immer seltener. Aber es waren nicht die Umstände, die uns auseinandertrieben, es war etwas anderes.

Jedenfalls war das die Zeit, in der ich wusste, dass Olena sich von mir trennen würde. Sie wusste es auch, aber wir beide ignorierten diese Gewissheit.

An Jacques' Geburtstag waren wir wieder in der Bar Candy, aber Olena war schnell müde geworden und man sah ihr an, dass sie keine Lust hatte auf einen exzessiven Abend, so wie Jacques und ich ihn uns vorstellten. Kurz nach zwei verlangte sie meinen Schlüsselbund, denn sie habe Kopfschmerzen, sagte sie. Jacques und ich blieben, und ich kam um sieben nach Hause, und als ich mich neben sie legte, drehte sich noch immer alles.

Als ich um zwölf Uhr wach wurde, saß Olena aufrecht im Bett und trank Kaffee.

„Lass uns rausgehen, es ist sonnig draußen." Sie beugte sich zu mir runter und gab mir einen Kuss auf die Wange.

„Lass uns noch ein bisschen liegen bleiben", antwortete ich.

„Ich möchte nicht den wunderschönen Tag an mir vorbeiziehen lassen."

„Noch eine halbe Stunde."

„Ist das alles, wonach du strebst? Jeden Tag bis um eins in den Federn zu liegen und erst am Abend am Leben teilzuhaben? Dich jede Nacht so vollzudröhnen, dass du eigentlich gar nicht mehr richtig anwesend bist?"

„Tatsächlich liebe ich es, mein Leben so zu verbringen." Und ich setzte noch eins drauf: „Ich kann mir kein besseres Leben vorstellen."

Ich wusste, wie sehr ich sie verletzte, aber ich brachte es nicht über mich, ehrlich zu ihr zu sein und ihr zu beichten, dass mich der Strudel, in dem ich schwamm, auch zutiefst beunruhigte.

„Hast du nicht manchmal den Drang, diese Stadt zu verlassen?"

„Manchmal, aber ich wüsste nicht, wohin", antwortete ich.

„Ich muss hier raus", flüsterte sie. „Ich halte es nicht mehr aus."

„Und wohin möchtest du? Paris? Mailand? Oder doch etwas tropischer?", fragte ich scharf.

„Sei nicht so. Tatsächlich möchte ich nach Madrid."

„Ah ja, Madrid also", sagte ich höhnisch.

„Ja, Madrid. Ich kann dort arbeiten. Man hat mir eine Stelle als Fremdsprachensekretärin angeboten. Es ist die gleiche Firma, für die ich jetzt schon arbeite."

„*Man* hat dir eine Stelle angeboten? Wie schön!"

Ich war wütend. Wütend, weil ich nicht in ihre Pläne involviert worden war, aber im nächsten Moment mahnte ich mich zur Vorsicht, weil ich wusste, wie viel für mich auf dem Spiel stand.

„Ich komme mit nach Madrid, Baby. Ich wollte schon immer nach Madrid."

Traurigkeit legte sich über Olenas Gesicht, und als ich sagte: „Ja! Madrid! Ich gehe dahin, wohin du gehst, mi corazón", war es schmerzverzerrt.

„Du wolltest mich doch nicht etwa alleine hier versauern lassen?", sagte ich süffisant, dabei hatte ich schon längst begriffen. Streng genommen hatte ich schon vor Wochen begriffen „Du hast gar nicht den Drang, aus Berlin rauszukommen, du möchtest eigentlich weg von mir."

„So meine ich das nicht, du verstehst mich nicht, Alexis.

Bitte versuch mich zu verstehen."

„Ich verstehe bestens, Baby."

Drei Wochen später waren ihre Koffer gepackt, und zum Abschied überreichte sie mir ein Foto, das Jacques von uns geschossen hatte und auf dem wir mit vom Lachen verzerrten Gesichtern vor der Bäckerei Albrecht saßen. Sie hatte den Kopf auf meine Schulter gelegt, und das Bild zerriss mich bei jeder Betrachtung wieder aufs Neue.

Danke für die schöne Zeit stand auf der Rückseite.

Ich schüttelte mich. Es brauchte einen Augenblick, bis ich meine Umgebung wahrnahm und feststellte, dass ich noch immer im Café ocelot saß und die blonde junge Frau mich weiterhin bestürzt anstarrte.

„Ja, so in etwa war es." Ich biss mir auf die Lippe. Das aufgeklappte Notizbuch lag auf den Beinen der Frau, aber ich stellte fest, dass sie kein einziges Wort aufgeschrieben hatte. Plötzlich war es mir unangenehm, dass ich ihr so haltlos aus meinem Leben erzählt hatte und sie mich nun so mitfühlend anblickte.

„Haben Sie jemals daran gedacht, diese Geschichte aufzuschreiben? Ich finde sie sehr packend."

Ich schnaubte, als hätte sie gerade von mir verlangt, einen Kopfsprung in ein Becken voll hungriger Schwerthaie zu machen.

„Ich schreibe nicht."

„Sie könnten es probieren."

„Vielleicht."

„Danke, dass Sie mir von dem Jahr erzählt haben, in dem Sie vierundzwanzig waren."

„Gerne. Konnten Sie etwas für sich mitnehmen?"

„Oh ja", sagte sie. „Sie haben mir den Twist gegeben, den ich gebraucht habe."

Die Frau fing an, ihre Sachen zusammenzupacken, und als sie alle Bücher verstaut hatte, drehte sie sich zu mir um.

„Ich denke, es geht doch noch gut für Sie aus, denn Sie sagten ja eben, dass Sie in diesem Jahr auch Ihre Frau kennenlernten."

Ich schnaubte noch lauter, aber diesmal, um der Frau ein Lachen zu entlocken. Dann wurde ich ernster. „Ja, die Geschichte geht sehr gut aus. Erstaunlich gut."

„Wie heißen Sie?"

„Alexis."

„Freut mich. Ich bin Emma." Sie reichte mir die Hand und ich schüttelte sie kräftig. Als sie das Café verließ, erinnerte sie mich an eine eifrige Ameise, wie sie da mit ihrem Rucksack und den zwei schweren Taschen hinauslief, entschlossen, ihre Geschichte zu Ende zu schreiben.

Nachdem sie gegangen war, blieb ich noch eine Weile sitzen und dachte darüber nach, was sich verändert hatte in den Jahren seit meinem fünfundzwanzigsten Lebensjahr. Ich lebte noch immer in Berlin, aber hier zu leben war nicht mehr das Gleiche, genauso wenig wie ich noch der Gleiche war. Ich fühlte mich nicht mehr wagemutig oder gar lebensmüde, wenn ich durch die Straßen Berlins lief, und alles, was damals irgendwie bedrohlich oder gefährlich auf mich gewirkt hatte, war durch bunte, saubere Werbeplakate und eine gleichmäßige Straßenbeleuchtung geradezu harmlos geworden. Dabei hätten die Kontraste nicht größer oder hässlicher sein können. Durch all das, was sich früher noch kaum hätte entwirren lassen, hatte sich jetzt eine harte Kontur geschlängelt, die die schnittigen Autos der Wohlhabenden von den Einkaufswagen der Pfandsammler und die von Gentrifizierung gezeichneten Viertel im Zentrum von den Plattenbauten der Außenbezirke trennte. Die Darlegung von Reichtum war eine andere geworden.

Ich fühlte mich zum Hässlichen und Abgründigen nicht mehr hingezogen, weil ich viel zu privilegiert lebte, als dass ich mir diesen Mantel des Zerfalls, der in Wirklichkeit wenig Reiz und nur Qualen mit sich brachte, hätte umlegen dürfen. Früher mochte es anders gewesen sein, und das Eingliedern in die Reihen der trostlosen anderen Gestalten, die sich selbst in den Ruin trieben, mochte berechtigter gewesen sein, aber mittlerweile war diese Art von Leben nicht mehr reizvoll für mich, sondern löste nur Kummer und Mitgefühl in mir aus. Das Geld und der Reichtum, gegen die ich als junger Mensch protestiert hatte und die mich wütend gemacht hatten und die nun ein wesentlicher Bestandteil meines eigenen Lebens waren, sorgten heute dafür, dass ich mich auf eine andere Art jämmerlich fühlte. Heute ließ mich das Geld, das nicht nur die ganze Stadt, sondern das allgemeine Leben auf dieser Erde vollkommen veränderte, denken, dass wir in erfüllten Utopien lebten. Ja, wenn ich an all das dachte, von dem ich damals geträumt hatte, dann lebten wir jetzt wirklich in erfüllten Utopien. Und trotzdem war die Welt schäbiger und ungerechter als je zuvor.

Deswegen suchte ich heute oft Zuflucht vor der Stadt, und obgleich ich wusste, dass ich damit einen Keil zwischen mich und die Realität trieb, gestattete ich mir diese Scheuklappen hier und da, um nicht völlig durchzudrehen. Ich blieb noch immer stehen und verweilte einen Moment an neuen Orten, um sie auf mich wirken zu lassen, bevor ich weiterging, aber die Motivation dahinter war eine andere geworden, und das lokalpatriotische Überstülpen einer Identität, die ich für besonders berlinerisch hielt, hatte ich auch aufgegeben. Aber es war noch etwas anderes, das jetzt anders war als damals. Es war nicht nur die Kluft der Kultiviertheit, die sich zwischen mich und den absteigenden Teil der Stadt geschoben hatte und die es mir unmöglich machte, mich wirklich damit zu identifizieren. Es lag auch daran, dass ich heute glücklich war und dass ich tatsächlich befreit war von dieser Angst, die mich damals von innen aufgefressen hatte.

Ich wählte Lucilles Nummer und erzählte ihr von der Begegnung, und zu meiner Überraschung sagte sie: „Vielleicht ist diese Geschichte – und ich meine damit die gesamte Geschichte, von vorne bis zum Ende, in all ihren Schattierungen – es wirklich wert, aufgeschrieben zu werden."

***

Einen Tag, entscheidend für unsere Beziehung, habe ich noch immer stark in Erinnerung, weil mit ihm auch Lucilles Abkehr von der Liebe ein Ende nahm. Ich war mittlerweile Anfang sechzig, hatte die Arbeit als Lichttechniker wieder aufgenommen und schrieb nebenbei fleißig an dieser Geschichte. Lucille schrieb auch, aber das wusste ich damals nicht.

Was über die Jahre blieb, waren das Rascheln der Bäume vor dem Fenster und die kühle Luft, die morgens durch die gekippten Fenster strömte, so wie auch an diesem Morgen. Ich rieb mir die Augen und blickte auf Lucille. Sonnenlicht fiel durch die Löcher in den Jalousien und bildete ein interessantes Muster auf ihrem nackten Körper. Lucille war eine Person, der es widerstrebte, angezogen zu schlafen, und solange ich sie kannte, hatte sie sich vor dem Zubettgehen die Kleider vom Leib gerissen. Als ich auf die schlafende Lucille blickte, mit ihrer zunehmend delliger werdenden Haut, den schlaffen Wangen, den kleinen Falten und Linien in ihrem Gesicht und dem vollkommen leeren Gesichtsausdruck, stellte ich fest, dass wir den Anfang eines Endes erreicht hatten. Diese Feststellung rührte allerdings nicht nur von der Tatsache her, dass sich Lucilles Körper in einem Zustand des langsam fortschreitenden Verfalls befand, sondern auch daher, dass sie an diesem Samstagmorgen überhaupt neben mir lag, als ich aufwachte.

Seit Jahren wachte ich an den Wochenenden in unserem Bett auf, immer um die gleiche Uhrzeit, lag einen Moment in schläfriger Trunkenheit da und starrte an die Decke. Dieser Augenblick war unerlässlich dafür, sich bewusst zu werden, dass man noch immer am Leben war. An anderen Tagen brauchte ich diesen Moment, um mir langsam wichtige Gesprächsfetzen, Tagesabläufe oder auch nur die Fußballergebnisse des Vorabends ins Gedächtnis zu rufen. Jeden Morgen war die rechte Betthälfte leer, wenn ich die Augen aufschlug, und ich konnte das Radio in der Küche hören und ein leises Klirren, immer dann, wenn Lucille ihre Teetasse auf dem Untersetzer abstellte. Ich hätte normalerweise die Decke zurückgeschlagen, wäre aufgestanden und hätte das Bett gemacht, bevor ich zu ihr in die Küche gestapft wäre, wo sie bereits eine Tasse schwarzen Kaffee auf meiner Tischhälfte platziert gehabt hätte.

Für Lucille mussten die Dinge prognostizierbar und beständig sein, und ich wusste nie, ob es am Älterwerden lag oder daran, dass zu vieles sie in ihrem Leben schon unvorbereitet getroffen hatte und sie dem nun entgegenwirkte, indem sie alles, wirklich alles, in bester Vorbereitung tat. Beide Möglichkeiten wären mir lieber gewesen als meine stärkste Vermutung: dass Lucilles Lebenslust und an manchen Tagen ihr Selbsterhaltungstrieb an einem seidenen Faden hingen und es deswegen keine Sache der *senilen* Trägheit oder Gemütlichkeit war, sondern Lucille sich schlichtweg weigerte, ihrem Leben einen tieferen Sinn zu geben als unbedingt nötig.

An diesem sonderbaren Morgen war deshalb alles anders als erwartet, und Lucille neben mir zu haben, löste in mir eine Flut von Erinnerungsfetzen aus einer anderen Zeit aus, einer Zeit, als sie ihrem Gesicht noch nicht die Maske des Gleichmuts aufgesetzt hatte. Lucilles Lider hoben sich und ich starrte in ihre trüben, glasigen Augen. Unverhohlen blickten sie zurück, und für ein paar Sekunden erforschten wir so einander. Plötzlich breitete sich ein Grinsen auf Lucilles Gesicht aus, und augenblicklich waren die Angespanntheit und die Schwere verschwunden, die ihrem Geist normalerweise anhafteten.

„Wenn ich ein Land wäre, welches wäre ich?" Sie stupste meine Nase mit dem Zeigefinger an und die Bewegung hatte etwas lächerlich Kameradschaftliches, was mich ungewöhnlich glücklich machte.

„Lass mich überlegen." Die Frage kreiste einen Moment in meinem Kopf, bevor ich mit der Antwort rausplatzte. „Japan. Eindeutig."

„Japan?" Lucille war sichtlich enttäuscht. „Um ehrlich zu sein, ich hatte mit einer weniger gewöhnlichen Antwort gerechnet."

„Haben etwa schon andere Menschen, die du befragt hast, das Gleiche gesagt?"

„Nein", antwortete sie.

„Siehst du?"

„Ich meine ja nur, gleich so ein großes Land."

„Du verstehst nicht", sagte ich. „Aber ich erkläre dir gerne, wieso ich Japan wähle."

„Ich bin ganz Ohr."

„Zuallererst: Deine Haut hat mich schon immer an die Haut eines Japaners erinnert."

„So war die Frage nicht gemeint", protestierte sie.

„Immer mit der Ruhe, ich bin ja noch nicht fertig", antwortete ich. „Zweitens: Deine Lebensweise hat große Ähnlichkeiten mit der eines Japaners."

„Inwiefern?"

„Japaner werden steinalt. Die Menge an grünem Tee, die täglich deine Kehle hinabrinnt, wird mit großer Sicherheit dafür sorgen, dass du genauso steinalt wirst." Lucille musste lachen und ihr Lachen bestärkte mich darin, fortzufahren. „Drittens: Japan war früher ein aggressives und kriegstreiberisches Land. Genau wie du in weiten Teilen unserer Beziehung!"

Nun lachte Lucille noch herzhafter. „Stimmt. ‚Sanftmütig' ist nicht unbedingt ein Wort, das mit meinem Namen im selben Satz fällt."

„Viertens: Japan ist ein Inselstaat. Ich finde, eine Insel passt zu deinem individuellen und irgendwie sonderbaren Charakter. Außerdem magst du es mittlerweile, dich ein wenig abzuschotten von der Außenwelt."

„Stimmt auch."

„Fünftens: Frida liebt Japan. Und Frida liebt dich."

Nun strahlte sie.

„Sechstens: Japaner lieben Fisch. Ich möchte dich kurz auf deine neue Leidenschaft – oder sollte ich Sucht sagen? – hinweisen. Diese abscheulichen Anchovis, die du ständig isst."

„Ja, Alexis, du hast mich überzeugt."

Sie hielt mir die Hand hin und schüttelte meine kräftig, als ich sie ergriff.

„Ich bin Japan."

***

Es war einige Tage später, als Lucille sich auf einem unserer Spaziergänge unvermutet zu mir umdrehte und mit schwingendem Pathos in der Stimme sagte: „Nicht verzeihen ist wie Gift trinken und dann hoffen, dass der andere stirbt." Sie sah mich mit großen Augen erwartungsvoll an.

„Wo hast du den Satz her?"

„Stand in der *Brigitte*."

Ich nickte.

„Aber das spielt ja keine Rolle. Wichtig ist, dass er in mir einen Prozess in Gang gesetzt hat."

„Der wäre?"

„Ich habe festgestellt, dass ich viel zu lange vollkommen in meinem eigenen Zorn gefangen war und dich für meinen ganzen Kummer verantwortlich gemacht habe."

Ich versuchte mir meine Verwunderung über ihre Freimütigkeit nicht anmerken zu lassen.

„Aber damit ist jetzt Schluss. Du hast mir all meine grausamen Fehler längst verziehen, und dafür bin ich dir sehr dankbar." Sie griff nach meiner Hand und setzte munter unseren Weg fort.

Als ein neuer Tag anbrach, und der nächste und übernächste, kühl und bewölkt, die Luft frisch, der Himmel langweilig grau meliert, war alles weiterhin unverändert, und ich atmete auf und misstraute der Idylle zwischen Lucille und mir nicht mehr.

KAPITEL FÜNF

LUCILLE (1996)

Meinem Empfinden nach taugte kaum ein Mensch auf dieser Welt wirklich zu etwas Uneigennützigem, Altruistischem oder schlichtweg Ehrenhaftem, und ich von all jenen Menschen am allerwenigsten. Ich taugte zu nichts. Alles, was ich tat, war bloß ein verzweifelter Versuch, das Leben in mir zu fühlen. Aber wie konnte man der Flut von überströmendem Trübsinn wirklich entkommen und aus dem erdrückenden Wahnsinn ausbrechen? Und wie konnte man das Leben mit einem blockierten Herzen wirklich fühlen?

Von außen betrachtet durchlebten Alexis und ich damals sehr glückliche Jahre unserer Beziehung. Nach drei Jahren des „Rumruderns", wie Frida es nannte, hatten wir uns wie zwei reife Erwachsene darauf geeignet, nun eine Beziehung im beinah klassischen Sinne zu führen. Obwohl alles in mir sich gegen dieses Treffen gesträubt hatte, war Alexis meinen Eltern vorgestellt worden und hatte trotz seiner Wortkargheit den Segen meiner gutmütigen Mutter bekommen, die allerdings ein leichtes Opfer war und sicher auch bereitwillig und überschwänglich in die Hände geklatscht hätte, wenn ich verkündet hätte, mein neuster Freund züchte Meerschweinchen und leite einen Kegelverein. Mein Vater hatte wie gewöhnlich wenig gesagt und nur zustimmend gebrummt. Weitere eineinhalb Jahre später waren wir zusammengezogen, wobei ich gestehen muss, dass das weniger aus romantischen Gründen passierte als vielmehr wegen der Tatsache, dass sowohl Alexis als auch ich damals finanziell nicht besonders gut aufgestellt waren.

Und nun, ein halbes Jahr später, versuchte ich noch immer mit derselben Verzweiflung wie damals, Alexis irgendwie zu durchschauen und mich durch den Schleier aus Stille und Distanz zu kämpfen. Unser Kennenlernen lag lange zurück, und die fünf Jahre waren so schnell an mir vorbeigezogen, und obgleich sich einiges verändert hatte, versuchte ich auch noch immer genauso verbissen, mich irgendwie wieder lebendig zu fühlen, und tat Dinge, für die ich mich nicht entschieden hatte, und die Dinge wiederum, für die ich mich mal entschieden hatte, tat ich nicht. Und auch wenn sicherlich nicht alles aus dieser Zeit ein schleuniges Vergessen verdient hätte und sie größtenteils schön war, denke ich fast nur mit Unbehagen an sie zurück, weil sie so viele hässliche Wahrheiten enthielt.

Mein frevelhaftes Verhalten jedenfalls stieg erst über die Jahre zu ungeahnter Größe auf, und obwohl der rein fleischliche und lüsterne Betrug zwischen Jakob und mir nach ein paar Monaten ein jähes Ende gefunden hatte, war der emotionale Betrug über die letzten Jahre umso intriganter und teuflischer geworden. Die heimlich verschickten Briefe – Zeilen voller Geständnisse und gesäuselter Liebkosungen – hielt ich wohlgehütet in einem Schuhkarton unter dem Bett versteckt, den ich gelegentlich öffnete, wenn ich mein Selbstmitleid in Ablenkung zu ertränken versuchte.

30. Januar 1996
Liebe Bernie,
also wirklich, dich dieser Tage telefonisch zu erreichen ist schwieriger, als eine Audienz beim Papst zu kriegen (nicht, dass ich Letzteres schon versucht hätte). Ist das ein Versuch,

die enthemmten Massen der Fans auf Abstand zu halten?
Lass dir gesagt sein: Das klappt nicht; es gibt kein Entrinnen. Ich selbst habe etwas geschwächelt mit dem zeitnahen Antworten auf deinen letzten Brief, da mich eine mittlere Spuckgrippe niedergeworfen hat – bitte frag nicht weiter nach.
Meine Tage sehen im Moment meistens so aus, dass ich bei den ersten ein bis fünf Wannen Kamillentee über den Berichten brüte und versuche zu arbeiten, was mir mittelmäßig bis gar nicht gelingt. Dann gebe ich es irgendwann auf und schalte den Fernseher ein und amüsiere mich köstlich. Das Nachmittagsprogramm lässt wirklich keine Wünsche offen. Da muss ich dann schon manchmal lachen, wenn sich die Leute im Film in klingenden Worten ihre unsterbliche Liebe schwören (sozusagen mit Geigen im Hintergrund) – und ich sitze davor im Schlafanzug und mit Keine-Zeit-mich-zu-duschen-Look. Und trotzdem – beschämt stelle ich fest, dass ich mich kaum von den Menschen auf dem Bildschirm unterscheide. Bitte verzeih mir, dass ich gelegentlich auch diese Ausbrüche habe und am liebsten vor deinem Fenster lauthals Gedichte von Rilke rezitieren möchte.
Es tut mir leid, zu hören, dass es dir wieder schlechter geht und dunkle Wölkchen dein hübsches Köpfchen trüben. Möchtest du die üblichen, nicht hilfreichen Sprüche à la „Morgen ist ein neuer Tag" aus meinem Ich-bin-ein-Mann-Sprüche-Repertoire hören oder soll ich sie mir sparen? Jedenfalls solltest du wissen, dass ich an dich denke.
Bernie, ich hoffe, du nimmst dir zwischendurch unbedingt ein paar Minuten und atmest tief durch und kommst wieder zu dir. Achte auf dich.

Du fehlst mir.
Jakob

Ich schrieb zurück.

2. Februar 1996
Lieber Jakob,
geht es dir besser? Bitte sag mir, dass du die Spuckerei überwunden hast und vor allem keine schmalzigen Rosamunde-Pilcher-Filme mehr schauen musst.
Bitte keinerlei Reue wegen Spät-/Nicht-/Sonst-wie-Antworten, du hast es mit einer der schlechtesten Kontakthalterinnen der Welt zu tun. Ich freue mich immer, von dir zu hören, egal wann, und mein Herz hüpft jedes Mal aufgeregt, wenn ich einen neuen Brief von dir erhalte.
Danke für deine guten Wünsche, ich habe weisungsgemäß ein paar ruhigere Tage verbracht und jetzt fehlt zu meiner mentalen Genesung eigentlich nichts mehr, bis auf entzückende Gesellschaft. Könnte da in naher Zukunft eventuell Abhilfe von dir geleistet werden?
Ansonsten gibt es nicht viel zu berichten, außer vielleicht der weltbewegenden Meldung, dass wir für die Frühjahrsaufführung in acht Wochen nun doch eines dieser mobilen Klos von der Stadt zur Verfügung gestellt bekommen haben. Erinnerst du dich an das Drama, in das ich dich unlängst und ohne deine Einwilligung einweihte? Nun ja, wie du dir vorstellen kannst, sind nun alle beruhigt und der Aufführung steht endlich nichts mehr im Wege. Darf ich denn hoffen, dich dort anzutreffen? Es würde mir die Welt bedeuten.

In Liebe,
Lucille
PS: Ich hatte einen Gedanken, den ich gern mit dir teilen würde, bezüglich dieser ungünstigen Konstellation, in der wir

drei uns befinden. Manchmal erstaune ich nämlich darüber, dass es mir so schwerfällt, mich mit jemandem zu verständigen, der nur ein paar Zentimeter von mir entfernt liegt und dessen röchelnder Atem mir nach dem Sex noch in den Ohren pfeift. Dich hingegen habe ich auf den Grund meiner Seele blicken lassen und habe auch oftmals das Gefühl, verstanden zu werden, aber bei dem Gedanken, wie wir jemals Sex miteinander haben konnten, tauchen nur Fragezeichen in meinem Kopf auf. Ergibt das Sinn? In meiner naiven Vorstellung bedingen sich körperliche Nähe und geistige Intimität gegenseitig und mein Gehirn reagiert mit Unverständnis, wenn sich die beiden mitnichten miteinander verbinden lassen wollen. Entschuldige die Offenheit, du weißt, wie schwer es mir fällt, alles, was in die Sphären meines Bewusstseins eindringt, und mag es noch so trivial und stumpfsinnig sein, nicht augenblicklich und ausnahmslos mit dir zu teilen.

7. Februar 1996
Liebste Bernie,
das Wichtigste zuerst – das mit dem mobilen Klo beruhigt mich ohne Ende. Dann steht einer stilvollen Veranstaltung ja wirklich nichts mehr im Wege. Und nun, da die sanitäre Grundversorgung gewährleistet wurde, kann ich endlich getrost deiner Einladung folgen und zusagen. Ich möchte unbedingt das mobile Klo austesten und ich möchte auch unbedingt sehen, was sich dein kreatives Tänzerherz Neues ausgedacht hat.
Den Wunsch, dass wir uns möglichst zeitnah wiedersehen, teile ich vollumfänglich. Wie wäre es am Samstagmittag?
Bezüglich deiner dich beschäftigenden Gedanken, was uns angeht, finde ich nicht, dass deine Bedenken in irgendeiner Weise sonderbar oder ungewöhnlich sind. Und, wenn ich das so

offen und flapsig sagen darf, ich persönlich bin sehr froh über meine Rolle in dem Ganzen und darüber, dass wir zwar nicht miteinander vögeln und dir nicht mein röchelnder Atem in den Ohren pfeift, wir uns aber in voller Ehrlichkeit an unserem seelischen Innenleben teilhaben lassen können. Das alles bedeutet aber nicht, dass ich deine innere Zerrissenheit angesichts deiner emotionalen Untreue nicht nachempfinden kann und nicht verstehe, dass die Situation von allen Beteiligten für dich wahrscheinlich am verzwicktesten ist.
Wenn es etwas gibt, womit ich diese Situation für dich leichter machen könnte, lass es mich wissen.

In Liebe,
Jakob

***

Einige Wochen vor der Aufführung fuhr ich mit der U8 zum Alexanderplatz, um dort die letzten Requisiten zu kaufen. Mir gegenüber saß eine Frau, die in *Giovanni's Room* las, und ich hatte nichts zu tun, also begann ich die Frau auf der anderen Seite genauestens zu studieren. Mir ist diese Bahnfahrt noch immer ins Gedächtnis gebrannt, trotz ihrer Belanglosigkeit habe ich sie nie vergessen. Die Frau hatte schwarzes, dichtes Haar, das ihr bis unter die Brust reichte. Mir fiel auf, wie viel Schmuck sie am Körper trug. Sie hatte mehrere Ringe an den Fingern und ihre Ohren waren mit großen Kreolen in Gold und Blau geschmückt. In der Nase trug sie ein Piercing. Der lange weiße Rock reichte ihr fast bis zu den Knöcheln und obenrum hatte sie ein schlichtes T-Shirt an, das ihren gebräunten Bauch unbedeckt ließ. Sie trug roten Nagellack an den Fingern, der an manchen Stellen schon abgeblättert war.

Ich konnte nicht damit aufhören, sie anzustarren. Die langen Wimpern, die Sommersprossen und die zarten Finger, die bedächtig die Seiten umblätterten. Neben ihr kam ich mir unvorteilhaft bürgerlich und langweilig vor. Ich sog alles in mich auf und war überrascht von meinem eigenen Eifer. Die Bewegungen, das sanfte Blinzeln ihrer Augen, das Zurückstreichen der losen Haarsträhnen, alles nahm ich wahr, denn plötzlich wollte ich wie die Frau auf der anderen Seite sein. Ich wollte nicht nur wie sie sein, ich wollte *sie* sein. Dabei war mir die Willkürlichkeit meines Verlangens vollkommen bewusst, denn die Frau hätte ebenso gut eine Büroangestellte im Kostüm sein können und ich hätte trotzdem sie sein wollen. Ich wollte ständig wie *die andere Frau* sein. Immer die eigenen Unzulänglichkeiten vor den Vorzügen der anderen sehen. Egal, wie tobend der Applaus auch sein mochte, er war mir immer zu leise, und so zogen die Zweifel ständig ihre Kreise. Und ernüchtert stellte ich fest, dass überall um mich herum Frauenkörper waren, die sich selbst nicht liebten, und Körper, die sich selbst ununterbrochen bekriegten. Es war ermüdend und frustrierend, sich immer zu messen.

Die andere Frau klappte plötzlich das Buch zu, und für eine Sekunde trafen sich unsere Blicke und sie schaute mich direkt an. In diesem kurzen Moment realisierte ich, dass ich für sie auch *die andere Frau* war.

***

Es war genau dieser Frühling im Jahr 1996, in dem ich mich Hals über Kopf „außerehelich" verliebte und meine liebe Mutter, hätte ich sie in die Wendungen meines Liebeslebens eingeweiht, mit Sicherheit voller Erschütterung vom Glauben abgefallen wäre. Opfer meiner Begierde war die einzigartige, mystische, heilige Esther. Meine Muse. Meine Quelle der Leidenschaft. Mein Geheimnis. Mein Intermezzo. Mein Grund für Kopfzerbrechen, Fragen. Mein „Was wäre, wenn?". *Ja, was verdammt wäre, wenn?* Weibliche Lust gipfelt meiner Meinung nach dort, wo es eine äußerliche Entspannung in Form von gedanklicher Ruhestellung gibt. Die Abwesenheit jedes Gedankens. Insofern war das Tanzstudio eine äußerst lustfördernde Idylle. Und Esther und ich in diesem Umfeld für die andere vielleicht noch mehr Mittel zum Zweck als unter anderen Umständen sowieso schon.

Das Licht, das an jenem Nachmittag durch die Fenster der Tanzschule schien, ein Dunst vorsommerlicher Leichtigkeit, sowie die aufsteigende Euphorie über längere Tage und schwindende Kälte – das alles, gepaart mit meiner eigenen Unzufriedenheit, mag es gewesen sein.

Ich hatte damals die Idee für eine neue Aufführung und ich kann es nicht anders sagen: Meine Ideen waren geistreicher, genialer und revolutionärer als das, was man von den „vor Kultiviertheit nur so strotzenden Kollegen" zu sehen bekam, um meine Mutter zu zitieren. Es mag sein, dass ich zu jener Zeit eine für nahestehende Personen anstrengende Großspurigkeit entwickelte, was die Aufführung betraf. Die Devise war konstantes Sich-selbst-Übertreffen, weshalb die Aufführung dem schmachtenden Zuschauer eine Darbietung bis ins Detail ausgetüftelter Choreografien mit musikalisch abgestimmter Untermalung bot.

Irgendwie war mir bewusst, dass ich die Rolle der kreativen Choreografin bis hin zur Lächerlichkeit verkörperte, und wahrscheinlich war es genau dieser Umstand, der dazu führte, dass ich mich in Esther verliebte. Kurz in eine andere Rolle schlüpfen, die Grenzen des Selbst verschieben. Aber ich denke, dass wir alle uns diese kleinen Projektionen hin und wieder erlauben dürfen. Aus der eigenen betäubenden Regelmäßigkeit ausbrechen und uns für eine Weile die Mäntel der Träume einer erfundenen Person überziehen dürfen. Kurz das spüren, was eigentlich nicht sein sollte und nie sein kann. Kurz den Abgrund von der Kante aus studieren, bevor man sich besinnt und einen Schritt zurücktritt. Vielleicht sollte meine Auslegung eines kleinen Ausbruchs aus der Realität nicht als vorbildlicher Maßstab herangezogen werden, aber ich denke, jedem Menschen ist bewusst, wovon ich rede.

Jedenfalls gab es an besagtem Frühlingsnachmittag nur sie und mich. Wir waren nach der Probe auf meinen Vorschlag hin noch länger geblieben, um zu zweit eine Szene zu wiederholen, die nur von uns beiden getanzt wurde.

„Begeben Sie sich nicht in verführerische Situationen" – die Worte aus meinem Ratgeber für Treue in der Partnerschaft noch im Ohr, warf ich mich ungebremst in diese risikoreiche Situation. Das waren die Worte, die ich in den richtigen Momenten mit eisernem Willen runterzuspülen wusste.

„Meinst du, wir beide sollten vielleicht noch ein paar Minuten länger bleiben, um unseren Teil noch einmal zu zweit durchzugehen?"

Was für ein Klischee, was für ein Klischee. *Herzlichen Glückwunsch, Lucille.*

Aber just passierte es beim ersten Wiederholen der Choreografie. Ich spürte, dass mein Atem plötzlich ein bisschen flacher war, als es bei diesem Grad der körperlichen Betätigung angemessen gewesen wäre. Wir schauten uns direkt an und für eine Millisekunde dachte ich noch, dass wir das kurze Stolpern, das Rausfallen aus der Choreografie, wieder aufholen würden. Aber es geschah nichts – weder sie noch ich machten Anstalten, uns aus der Starre zu befreien. Und so geschah es, dass die Musik weiterlief, ihre Takte mich an die Schritte erinnerten, die gefolgt wären. Im nächsten Moment dachte ich schon nicht mehr daran, sondern blickte mit der Unschuld eines Lamms in Esthers bernsteinfarbene Augen, und mir sank das Herz in die Hose. Dann spürte ich ihre weichen Lippen auf meinen und ihre Zunge, die sanft nach meiner zu suchen begann. Und ihre Hände begannen mich zu berühren. Ich fühlte mich, als wären meine Körperteile die frisch entdeckten Überreste eines Dinosaurierskeletts, das von einer tüchtigen Archäologin voller Wertschätzung ausgegraben wurde. So berührte Esther meine Haut, mit Neugier und Vorsicht. Wenig später das von der Sonne erhitzte Parkett, langsames Entkleiden und meine Einweihung in den lesbischen Liebesakt.

***

Am nächsten Dienstagmittag entspann sich am Telefon ein Wortwechsel zwischen Frida und mir, der meiner Meinung nach wegen seiner Relevanz für alles noch Folgende in voller Länge wiedergegeben werden sollte:

Frida: Darf ich dich was fragen?
Lucille: Klar.
Frida: Es ist bloß eine Vermutung. Du darfst es mir sagen, wenn ich damit falschliege.
Typische Wortwahl einer angehenden Therapeutin.
Lucille: Okay.
Frida: Ich weiß noch, wie du mir damals von den Ausrutschern mit Jakob erzählt hast, und du hast auch einige Briefe erwähnt, die ihr euch danach geschrieben habt. Jedenfalls dachte ich, dass die ganze Sache längst beendet wäre, weil du es mir gegenüber nie wieder erwähnt hast, und nun ja, ich war etwas verwundert, als Jakob mir kürzlich erzählt

hat, dass das absolut nicht der Fall ist und dass das zwischen euch Jahre später noch immer läuft. Mehr oder weniger.
Ich versuchte mir die Überraschung nicht anmerken zu lassen.
Lucille: Ach wirklich? Jakob, die alte Tratschtante. Na ja, apropos Tratsch, hast du mitbekommen, was Nadja aus der Schule mittlerweile macht? Ihre Eltern sind ja nach dem Abitur mit ihr in die USA ausgewandert und jetzt hat sie kürzlich einen Mexikaner geheiratet, der ...
Frida blieb unbeeindruckt von meinem Ablenkungsmanöver, was ihr nicht vorzuwerfen ist, und unterbrach mich.
Frida: Wie auch immer, er hat mir davon erzählt. Und ich wollte dich fragen, ob ...
Noch während ich sie den Satz beenden hörte, kamen mir folgende plausible Gründe für ihren Anruf in den Sinn:
1. *Frida war persönlich betroffen von der Tatsache, dass nicht ich sie in die Intrigen meines Lebens einführte, sondern Jakob, zu dem sie eine weitaus weniger intime Freundschaft pflegte. Und diese Betroffenheit äußerte sie nun auf indirekte Art, indem sie meine Taten vor mir selbst bloßstellte und mich zur Rechenschaft zog.*
2. *Fridas Mitgefühl für und ihre Sorge um Jakob hatten sie dazu veranlasst, bei mir vorzusprechen, um ihren vertrauten Freund vor größerem Kummer und Herzschmerz zu bewahren und mich in die Schranken zu weisen.*
3. *Fridas Mitgefühl für und ihre Sorge um mich, angetrieben von der langjährigen Erfahrung als meine Beraterin in allen Belangen, hatten ihr Anlass gegeben, zu denken, ich könnte den Rat einer engen Vertrauten gut gebrauchen.*
4. *Keiner der oben genannten Punkte.*
5. *Eine Kombination aus den Punkten 1–3.*

Frida: ... du Redebedarf hast.
Vorerst konnte keiner der Punkte 1–5 gänzlich ausgeschlossen werden.

Lucille: Nicht unbedingt. Hast du denn Redebedarf?
Frida: Vielleicht.
Lucille: Dann schieß mal los.
Frida: Es geht mir nicht darum, deine Taten an den Pranger zu stellen. Ich frage mich einfach nur, ob eine gewisse Unzufriedenheit oder etwas anderes diesen Drang in dir ausgelöst hat und ob du über etwas sprechen willst, mit einer Person, die schweigen kann wie ein Grab.
Lucille: Ich habe leider keine Erklärung für mein Handeln, aber falls Sie mir auf die Sprünge helfen können, Dr. Freud, legen Sie bitte los und erlösen Sie mich von meiner Ahnungslosigkeit.
Frida: Kein Grund, schnippisch zu werden, Lu.
Lucille: Ich weiß doch auch nicht, wo mir der Kopf steht.
Frida: Dann lass uns ganz von vorne anfangen.
Ich hörte sie förmlich aufgeregt in die Hände klatschen bei der Vorstellung, die Abgründe meiner Persönlichkeit in alle Einzelheiten zu zerlegen und sie einer schonungslosen Autopsie zu unterziehen.
Frida: Du hast letztens am Telefon gesagt, dass du Angst davor hast, verletzt zu werden.
Lucille: Ja.
Frida: Wahrscheinlich auch die Angst, nicht gut genug zu sein.
Lucille: Wahrscheinlich.
Frida: Was im Umkehrschluss womöglich dazu führt, dass es dir schwerfällt, vor Alexis Dinge anzusprechen, die in dir vorgehen.
Lucille: Ja.
Frida: Ausweichen, um Erwartungen zu erfüllen.
Lucille: Ja.
Frida: Konflikte vermeiden, anstatt eine direkte Auseinandersetzung zuzulassen.
Lucille: Ja.

Frida: Und die Kontrolle behalten.

Lucille: Ja.

Frida: Also sehr an der Oberfläche agieren und sich über die Maßen anpassen.

Lucille: Ja.

Frida: Ich glaube, da ist auch ein großer Wunsch nach Anerkennung.

Lucille: Okay.

Frida: Was dazu führt, dass es ein Wegrutschen in die Anerkennung von anderen Menschen gibt.

Lucille: Gut möglich.

Frida: Und dieser Drang, alle Erwartungen zu erfüllen, und der Wunsch nach Anerkennung führen vielleicht dazu, dass man sehr stark mit sich selbst beschäftigt ist.

Man. Nicht Lucille. Als wäre dieses Fehlverhalten in meiner Beziehung Teil eines unausweichlichen Prozesses eines jeden Menschen. Beruhigend und durchaus schmeichelhaft, danke, Frida.

Frida: Und wenn man so in und mit sich selbst gefangen ist, dann ist es verständlicherweise schier unmöglich, jemand anderen da auch noch mitzudenken.

Lucille: Also Alexis.

Frida: Ja.

Lucille: Ja.

Frida: Dieser Gedanke, jemand anderem weh zu tun, kommt nicht. Eigentlich sollte es nicht unbedingt zu dieser Situation mit Jakob kommen, weil man sich ja irgendwo quasi selbst weh tut, wenn man jemanden, den man liebt, so hintergeht. Aber diesen Schmerzen wird ausgewichen. Und ich weiß, dass es mit Alexis nicht immer einfach ist für dich und er, nun ja, eher der verschlossenen Kategorie Mensch angehört. Und trotzdem hat er sich ja doch mittlerweile sehr auf dich eingelassen und möchte offensichtlich eine feste Be-

ziehung mit dir. Ihr wohnt zusammen, ihr teilt eure Leben.
Jetzt ging es richtig ans Eingemachte.
Lucille: Ja.
Frida: Und trotzdem fehlt die Anteilnahme für Alexis. Und irgendwo auch die Empathie für ihn.
Lucille: Okay.
Frida: Ich habe das Gefühl, dass du sehr mit deinem starken Ich identifiziert bist. Das *Ich*, das nicht verletzt werden will, und ein schwaches *Ich*, eins, das hilflos und ängstlich ist, nicht zugelassen wird. Obwohl Alexis auf mich nicht den Eindruck macht, als ob er diese Schwäche ablehnen würde, wenn du sie nicht vor ihm verstecken würdest. Er hat bloß einiges bei sich selbst aufzuräumen.
Lucille: Okay.
Frida: Da ist kein guter Draht zu schwächeren Gefühlen bei dir. Oder es fällt dir schwer, richtig ins Fühlen zu kommen, weil irgendwie so was wie der Unterbau fehlt.
Lucille: Kann sein, ja.
Frida: Die Frage ist: Was in deinem Leben macht denn da so verdammt ängstlich?
Lucille: Gute Frage.
Frida: Finde ich auch. Ich glaube, du solltest dieser Angst mehr auf den Grund gehen. Und nicht nur rational formulieren, sondern dich ihr auch wirklich entschlossen aussetzen.
Lucille: Danke, Dr. Freud.
Frida: Kein Problem.
Ich atmete scharf aus.
Frida: Ich bin um achtzehn Uhr bei dir. *Dirty Dancing* oder *Blade Runner*?
Lucille: *Dirty Dancing*.
Frida: Alles klar, dann bis später. Hab dich lieb.
Lucille: Ich dich auch.

Mit vierzehn präzisen Vermutungen, die ich allesamt bejaht hatte, hatte sie einen kleinen Stein ins Rollen gebracht. Ich kam zu dem Schluss, dass überwiegend Punkt 3 sowie ein zuvor nicht formulierter Punkt 6 (*Ein persönliches Interesse als angehende Therapeutin, das eigene Wissen auf konkrete Beispiele aus dem Freundeskreis anzuwenden*) der Grund für ihren Anruf gewesen waren. Ich kam außerdem zu dem Schluss, dass es wahrscheinlich unklug war, Frida in die neusten Entwicklungen meines Liebeslebens einzuführen, und ich Esther vorerst nicht erwähnen würde.

***

Einige Wochen später überschlugen sich die Ereignisse. Zwei Tage vor der Aufführung waren alle fünf Gruppen, die ich unterrichtete, zusammengekommen und wir gingen das Stück ein letztes Mal gemeinsam durch, als Vorbereitung für die Generalprobe am nächsten Tag. Ich suchte ständig Esthers Blick und versuchte mich zu vergewissern, dass das Ende der Aufführung nicht das Ende für uns sein musste, aber ich dachte auch an das, was Frida gesagt hatte. Esthers schulterlange Haare wippten bei jeder Bewegung mit und ich stellte mir vor, wie meine Hände zwei Tage zuvor noch durch diese Haare gestrichen und sich in schäumender Lust in ihnen festgekrallt hatten. Sie fing meinen Blick auf und strahlte mich mit ihrem breiten Lächeln an. Später fanden wir wieder einen Vorwand, und sie stand wortlos vor mir, nachdem alle gegangen waren. Für einen Moment sahen wir uns nur an.

„Und nun?"

Ich antwortete nicht, sondern zog sie an mich und umarmte sie. Etwas in mir regte sich und ich stellte fest, wie willkommen ich mich in ihren Armen fühlte. Wir hielten einander fest in diesem hellen, verspiegelten Raum, der über die letzten Wochen zu einer undurchlässigen Glasglocke geworden war, von der nie etwas übrigblieb, wenn wir sie wieder verließen. Ich spähte über Esthers Schulter, und der Blick, den mein eigenes Spiegelbild mir zuwarf, ließ mich für einen Moment zaudern. Ich beobachtete mich und genoss, wie still mein Gesicht war, aber was mich erschrecken ließ, war etwas anderes, das sich in meinen Ausdruck geschlichen hatte und das ich nicht richtig zu deuten wusste. Ich glaube, es war das völlig Kampflose, das die Überreiztheit, die ich sonst spürte, aus meinem Gesicht vertrieben hatte. Ich betrachtete die beiden Frauen, und ich konnte nicht sagen, wer wen in diesem Moment hielt. Plötzlich hatte ich das starke Bedürfnis, sie inständig zu bitten, sich an mich zu ketten und auch außerhalb dieser vier Wände bei mir zu bleiben.

„In zwei Tagen ist alles vorbei", sagte Esther unvermutet in mein Ohr, und sie sprach mit Sicherheit über die Aufführung, aber sie sprach auch über etwas anderes, und mit einem Mal war alles entschieden. Sie nahm mein Gesicht zwischen die Hände, aber ihr Gesichtsausdruck war nicht traurig oder ängstlich, stattdessen war er unendlich behutsam, und in dieser Sanftheit küsste sie mich auf die Lippen. Ich packte sie am Nacken und küsste sie zurück, zugleich fordernd und liebkosend. Meine Hände griffen nach ihren weichen Hüften, ihr Speichel berührte meinen Hals, als sie mich dort küsste, ihr Haar roch nach warmem Harz und nach Ungezwungenheit, ihr Atem war klagend, und ein allerletztes Mal berührten wir einander. Ich glaube, ich hatte die Hoffnung, dass mir dieser Moment die Entscheidung abnehmen würde, mich entweder an sie zu binden oder mich abzuwenden, und als wir uns voneinander lösten, fürchtete ich mich tatsächlich davor, ihr in die Augen zu blicken. Wir schauten uns schließlich an, und weil ich ihrem Blick nicht standhalten konnte, versuchte ich sie wieder zu küssen und damit die plötzliche Befangenheit zu umgehen.

„Danke, Lucille", sagte sie vollkommen nüchtern in mein Ohr. Und als sie sich langsam von mir löste, fuhr sie sich durchs Haar und lächelte unbekümmert.

An der Art, wie sie es gesagt hatte, und der überraschenden Gefasstheit in ihrer Stimme stellte ich plötzlich mit dem Ausbleiben jeglicher Enttäuschung fest, dass ich sie von Weitem idealisiert haben musste.

Als ich am Abend die Tanzschule verließ, dachte ich daran, dass jeder schöne Moment ständig bedroht war von Zerfall oder von Bedeutungslosigkeit, und der Gedanke löste Bekümmerung in mir aus. Ich lief nun eiliger nach Hause und mit jedem neuen Schritt wuchs die Beklommenheit in meiner Kehle zu einem größeren Lumpen zusammen und ich versuchte zu begreifen, was mit mir geschehen war.

Frida hatte recht gehabt. Ich stellte fest, dass ich mich in meinem Leben nie wirklich *für* etwas entschieden, sondern Dinge nur verneint hatte. Hätte ich echte Entscheidungen getroffen, wären nicht so viele Menschen um mich herum mit ins Verderben gerissen worden. Und ich fragte mich, wie viele kriegerische Ausbrüche ich noch brauchte, wie viele besessene Augenpaare noch auf mich zielen mussten, wie viele Berührungen es noch brauchte und wie viel größer die Anerkennung noch werden musste, damit ich es endlich satthatte.

Ich sehnte mich nach diesem Moment und nach dem Ende der Illusion, denn ich realisierte, dass ich mich in jedem neuen betörenden Anfang wieder verloren und getäuscht hatte, dass jedem ein verhängnisvoller Hochmut innegewohnt hatte, der jedes Mal an der unveränderten Wirklichkeit, die ich selbst war, abgeprallt war, und dass ich mich letztlich nur wieder in etwas verrannt hatte. Die Lucille, nach der ich verzweifelt suchte, entpuppte sich immer wieder als die Lucille, die ich verabscheute und von der ich verzweifelt Abstand zu gewinnen versuchte, und ich realisierte schließlich, dass ich nicht vor mir selbst weglaufen konnte, egal, wie weit ich rausschwamm und mich vom Ufer entfernte. Und immer wenn ich die Selbsttäuschung aufgab und mich für einen Moment nicht mehr in dieser Selbstlüge aufhielt, keine Verantwortung für mein eigenes Leben zu tragen, stellte ich fest, dass ich mich erneut in einer Sackgasse verlaufen hatte und dass nie, wirklich nie irgendjemand auf mich gewartet hatte.

Auf dem restlichen Nachhauseweg fasste ich einen Vorsatz, voller Entschlossenheit legte ich mir im Kopf Sätze zurecht, die ich sagen würde. Meine Hände zitterten, als ich den Schlüssel ins Schloss steckte, und als ich die Wohnung betrat, schien alles totenstill zu sein, dabei lief laute Musik.

Take your time, hurry up. The choice is yours, don't be late.

Aber ansonsten war es ungewöhnlich still, und sogar der Lärm von draußen war wie verebbt. Es gibt Momente im Leben, die sich so unwirklich anfühlen, dass man das Gefühl bekommt, sie wären von einer dichten Nebelschicht umschlossen, und jede Bewegung, die man ausführt, fühlt sich an, als würden einem die Beine wie auf zu weichem oder watteartigem Untergrund ständig wegknicken. Das sind Momente, die zu unbegreiflich sind, als dass wir sie in der Gegenwart verstehen könnten, weil plötzlich animalische Instinkte die Regungen des Körpers wie von selbst leiten und unser besiegter Verstand bloß zeitversetzt hinterherhumpelt.

Im Nachhinein stellt man dann fasziniert fest, dass sich einem in diesen Augenblicken, in denen unser Körper kein größeres Ziel verfolgt als das, einfach nur zu funktionieren, völlig banale Einzelheiten ins Gedächtnis gebrannt haben. Während man mit dem Geliebten am Esstisch sitzt und er reuevoll von der Affäre erzählt, verharren die Augen auf einer kleinen Kerbe in der Wand, auf die man schon Hunderte Male vorher geblickt hat, die man in diesem Moment aber zum ersten Mal wirklich wahrnimmt. Und die Erinnerung daran, wie die zwei Autos auf der Autobahn in rasender Geschwindigkeit aufeinander zujagen, kommt nicht auf, ohne dass einem dabei der vanillige Geruch des Duftbäumchens, das hinter der eigenen Windschutzscheibe baumelte, wieder in der Nase brennt. Und während man am Totenbett eines geliebten Menschen sitzt und auf das Unausweichliche wartet, fällt einem plötzlich ein drahtiges Härchen im fahlen Gesicht des Sterbenden auf, das sich dorthin verirrt hat und an einer vollkommen unmöglichen Stelle sprießt, wie ein rebellisches Blümchen im Asphalt. Ein Anblick, den man aufgrund der selektierenden Wahrnehmung in diesem Moment nie wieder vergessen wird.

Wenn ich heute das Lied höre, das damals im Hintergrund lief, muss ich augenblicklich wieder an diesen Tag denken, und ich könnte auch heute noch ganz genau sagen, welche meiner Bewegungen von welchen Sätzen musikalisch unterlegt wurden.

Come doused in mud, soaked in bleach.

Ich rief laut nach Alexis, während ich in die Wohnung stolperte. „Alexis!"

As I want you to be. As a trend, as a friend.

Ich erblickte ihn sofort. Er lag auf dem Boden, die Augen aufgerissen wie leuchtende Straßenlaternen, den Mund leicht geöffnet und den linken Arm seltsam abgeknickt unter der Masse seines Oberkörpers.

As an old memoria, memoria.

Ich sah das Plastiktütchen, die Pulverreste auf der Tischkante, den gerollten Schein – Utensilien, die weitere Mutmaßungen völlig ausschlossen. Ich sank neben ihm auf den Boden, griff nach seinen Handgelenken, wartete, spürte einen Pulsschlag, tastete zur Sicherheit auch den Hals ab.

And I swear that I don't have a gun. No, I don't have a gun. No, I don't have a gun.

„Alexis?" Ich rüttelte an ihm. Aber er rührte sich nicht.

Ich zwickte mit meinen Fingernägeln unsanft in die Haut an seinem Oberarm, senkte meinen Kopf tiefer zu ihm nach unten, um zu sehen, ob er reagierte. Er murmelte etwas Unverständliches.

„Warte hier, ich bin gleich zurück." Ich rannte in die Küche, kam zurück mit Wasser und einem Handtuch, ließ mich auf den Boden fallen und hielt ihm den kalten Lappen ins Gesicht, und ich saß dort und wartete, bis er irgendwann zu sich kam.

And I swear that I don't have a gun. No, I don't have a gun.

Er fing leise an zu weinen. „Es tut mir so leid, Lucille. Es tut mir so leid."

Ich beugte mich über ihn und umklammerte ihn schwach mit meinen Armen. Ich drückte, so fest ich konnte, aber es war, als hätten alle Kräfte meinen Körper verlassen, und meine schlaffen Hände konnten gerade mal seinen Kopf vom kalten Boden heben. „Nein, nein, *mir* tut es leid", sagte ich mit brüchiger Stimme.

Es war so, als hörten wir einander nicht, als er erneut flüsterte: „Es tut mir leid, Lucille."

Und ich wieder antwortete: „Es tut mir alles so leid."

Eigentlich musste uns beiden bewusst sein, dass wir damit gar nicht richtig zueinander sprachen. Die Worte durchschnitten die dichte Kälte, die den Raum durchflutet hatte, und sie hingen in der Luft, eine unheilvolle Mischung aus Scham und grausamer Selbstsucht. „Es tut mir so leid."

Ich legte seinen Kopf auf den Dielen ab. Seine leeren Augen waren rot, als er mich anblickte, und sein Blick hatte etwas so Dissoziatives, dass ich mich fühlte, als würde er durch mich hindurchsehen.

Er fing wieder an zu weinen und ich schaute hilflos auf ihn hinab. Ich wollte etwas sagen, aber als ich den Mund öffnete, blieben mir die Worte in der Kehle stecken.

„Ich wollte sterben, bevor ich dich kannte. Ich wollte tot sein, Lucille." Ein Schauer lief mir über den Rücken, und ich kniete mich wieder zu ihm hinunter und griff unbeholfen nach seinem Arm.

„Sag das nicht."

„Schau, was ich mit mir gemacht habe! Sieh mich an!" Er griff nach meinem Gesicht und zwang mich dazu, ihm in die Augen zu blicken. „Ich fühle nichts mehr. Nichts!"

„Alexis."

„Jeden Tag betäube ich mich. Jeden verdammten Tag. Aber du merkst es nicht mal, Lucille! Weil du mich gar nicht anders kennst. Du kennst nur diesen Alexis, und du würdest lügen, wenn du sagen würdest, dass du ihn nicht verachtest."

Ich antwortete nicht.

„Du verachtest mich."

„Hör auf, Alexis."

Ich lehnte den Kopf an die Wand und schloss die Augen. Der Teil von mir, der keine Angst hatte vor dem, was er gerade beobachtet hatte, empfand aufkeimende Erleichterung darüber, von diesem überraschenden Gefälle zwischen uns ganz eigennützig Gebrauch zu machen.

***

Jakobs ganzes Verhalten ließ mir mein eigenes Auftreten unreif und geistlos erscheinen und in mir hatte sich seit einigen Tagen eine haltlose Wut angestaut, die nicht mehr zu bremsen war. Ich hatte Fridas Worte noch im Ohr, das abrupte Ende mit Esther nagte an mir, und auch der Zwischenfall mit Alexis, und schließlich, ein paar Wochen nach der Aufführung, schickte ich den letzten Brief an Jakob.

15. Mai 1996
Lieber Jakob,
heute bin ich aufgewacht mit einem benebelten Kopf und einem dumpfen Gefühl der Leere in mir, mal wieder.
Manchmal frage ich mich, was mich ständig so zornig macht. Denkst du, es sind die gestorbenen Träume, die mir immer dann aufstoßen, wenn Illusionen sich auflösen? Bitte widersteh jetzt dem Drang, dich meiner erneut annehmen zu wollen, wenn du diese betrübten Sätze voller Selbstmitleid liest. Ich habe das nicht mehr verdient. Und du musst wissen, dass deine Liebe auch nicht reicht und ich trotzdem immer allein zurückbleibe, im eigenen kalten Körper und umgeben von lauter grässlichen Gefühlen, und vor allem von dem Gefühl, ganz und gar von niemandem auf der Welt jemals verstanden zu werden.
Alexis und ich spiegeln uns ineinander, und was ich im Spiegel sehe, ist hässlich. Wir sehen die gefletschten Zähne des anderen, die Steine in unseren Händen, die geballten Fäuste, und wir sind immer in Bereitschaft für den nächsten erbarmungslosen Kampf. Wir haben einander verdient, weil wir uns gleichen in unserer Tyrannei. Aber mit dir ist es anders, mein Liebster. Du bist unverdorben und unbefleckt. Du bist naiv und blauäugig. Du hast diesen blutigen Kampf auf dem Schlachtfeld unerfüllter Erwartungen und rachsüchtiger Gräueltaten nicht verdient, und – verzeih mir, dass ich es so sage – du bist auch zu schwach für diesen Kampf. Ich glaube, du kennst das Gefühl nicht, morgens aufzuwachen und diese unbändige Wut in dir zu spüren. Diesen Drang, die Welt mit allem, was sie beinhaltet, ausnahmslos zu zerstören und aus-

zurotten. Und du kennst auch das Gefühl nicht, Gedanken zu denken, die so hasserfüllt und so gewaltig sind, dass man sich vor ihnen fürchten muss, so wie vor dem Teufel, der Pest und dem Sterben!
Ich sehne mich nach deiner geschliffenen Seele, aber ich weiß auch, dass ihre Reinheit mir nicht zusteht. Und manchmal machst du mich auch wütend und ich wünsche mir dann, du würdest dich endlich wehren. Jakob! Schlag einfach zu! Widersetze dich mir endlich! Bäum dich auf!

Gerade war ich kurz einkaufen, weil mein Magen knurrte, und jetzt lese ich beschämt diese Worte und weiß nicht mehr, wer sie geschrieben hat. Oje ...
Aber auch das gehört zu dem sprudelnden Vulkan in mir. Diese klaren Momente sind die Spitze des Selbsthassberges, weil einem das Ausmaß der Katastrophe dann immer am stärksten bewusst wird. Hätte ich genug Anstand, würde ich die Worte zerknüllen und dich vor ihrer Gewalt bewahren, aber dass ich es nicht tue, zeigt letztendlich nur, wie nah ich dich an mich herangelassen habe. Näher als irgendwen sonst. Ich habe mich zu nackt gemacht, aber gleichzeitig hätte ich mich selbst nicht ertragen, wenn du mich nicht trotz alldem so bereitwillig in meiner ganzen Hässlichkeit angenommen hättest.
Ich würde offensichtlich lügen, wenn ich sage, dass ich deine Nähe zu mir nicht genieße. Aber bitte glaub mir, wenn ich sage, dass ich deine Ferne von mir genauso lieben muss (lach nicht über die Theatralik dieser Sätze). Ich muss sie lieben, weil ich ansonsten eine schlechte Freundin wäre. Jakob, du bist der Stärkere von uns beiden, nimm die Zügel als Erster in die Hand und gewinn emotionalen Abstand.
Das wird vorerst mein letzter Brief an dich sein, was nicht be-

deutet, dass ich nicht mehr Teil deines Lebens sein möchte. Ich habe mir ein Herz gefasst und entschieden, dass ich der Unaufrichtigkeit in mir nach jahrelanger treuer Zusammenarbeit den Rücken kehre, was im Umkehrschluss bedeutet, dass ich unsere romantische Beziehung beenden muss. Ich möchte endlich eine Frau mit Rückgrat sein. Es braucht mehr als nur das Geloben von Besserung, und etwas muss sich grundlegend ändern, deswegen jetzt diese drastische Maßnahme.

Alles Liebe,
deine Bernie

KAPITEL SECHS

ALEXIS (2017)

Als ich 1998 die Briefe fand, war ich auf merkwürdige Art erleichtert. Vielleicht, weil ich nun die offizielle Bestätigung für das hatte, womit ich monatelang tief im Inneren gerechnet hatte. In gewisser Weise beruhigte es mich, dass mein Bauchgefühl mich nicht getäuscht hatte, und gleichzeitig wurde mir der Boden unter den Füßen weggezogen. Ich muss auch gestehen, dass es vor allem der Inhalt der Briefe war, der mir zusetzte, und weniger die Tatsache, dass Lucille mich jahrelang mit ihrem besten Freund betrogen hatte. Abgesehen davon, dass die Worte komisch gefühlsduselig und zuweilen viel zu kitschig für Lucilles sonst sehr kühle Art waren, faszinierte mich die Leichtigkeit, die den Briefen entsprang. Die Lucille, die ich kannte, hatte schon lange wenig bis gar nichts Leichtes mehr an sich. Im Gegenteil, es war, als hätte sie mit zunehmendem Alter immer mehr verlernt, der Schwerkraft zu trotzen.

Lucille offenbarte Jakob ihr ganzes mal schwermütiges, mal heiteres Innenleben und war nicht besonders verschwiegen, was ihre sehr wechselhaften Gedanken in Bezug auf mich und unsere Beziehung betraf. Und gleichzeitig waren es vor allem die langen Passagen, in denen die beiden sich über alltägliche Banalitäten oder gemeinsame Erlebnisse austauschten, bei denen ich das Gefühl bekam, ein kompletter Versager zu sein. Mich beschlich das Gefühl, Lucille nicht richtig gekannt oder verstanden zu haben, und daran gab ich mir selbst die Schuld. Meine Therapeutin Frau Selmi sagte später zu mir, dass ich damals offensichtlich gar nicht gemerkt hätte, wie viel Wut sich auch in mir angestaut hatte. Und sie hatte recht, das hatte ich nicht.

1996. Es ist nun einundzwanzig Jahre her, dass der letzte Brief geschrieben wurde.

1998. Und es ist neunzehn Jahre her, dass ich die Briefe fand.

Zeit.

Wo ist nur die ganze Zeit hin?

Und wie konnte ich so alt werden?

Noch heute frage ich mich manchmal, was passiert wäre, wenn ich damals anders auf meine Entdeckung reagiert hätte. Vielleicht wären wir besser gegen den Einbruch des Schicksals gefeit gewesen, hätte ich damals den Mut aufgebracht, direkt mit ihr zu sprechen, und vielleicht wäre alles ganz anders gekommen.

Einmal gab es einen Tag, an dem sie es mir sagen wollte, glaube ich. Sie sagte: „Alexis, ich muss dir was erzählen."

Und ich bat sie zu schweigen.

Dabei hatte ich alles im Kopf Hunderte Male durchgespielt, Lucille und mir andauernd neue Rollen gegeben, immer neue Dialoge zusammengesponnen, sie wieder verworfen, der Geschichte immer neue Ausgänge gegeben und trotzdem nie den Mut aufgebracht, eine der vielen Möglichkeiten real werden zu lassen.

Lucille steht in der Tür, ich sitze auf unserem Sofa in unserer totenstillen Wohnung und blättere in einer Zeitschrift. Es ist so still, dass das gelegentliche Umschlagen der Seiten die Stille regelrecht durchbricht. Ich sitze seit Stunden da, habe den Tatort im Schlafzimmer akribisch hergerichtet und seitdem angespannt auf Lucilles Eintreffen gewartet, weil ich, obwohl ich der Regisseur dieses Dramas bin, nicht weiß, wie meine eigene Hauptrolle sich verhalten wird.

Lucille kommt ins Zimmer, begrüßt mich, läuft ins Schlafzimmer, dort erblickt sie die Kiste mit den Briefen auf dem Bett, durchwühlt von jemandem, für den sie nicht bestimmt waren. Sie kommt zurück und es geht los.

Nein. Nein, das wäre zu zynisch, nicht meine Art.

Lucille steht also wieder im Türrahmen, diesmal gibt es den Schlafzimmertatort nicht. Ich selbst bin diesmal der Tatort, und als sie auf mich zukommt, bereits beschwipst von dem Wein, den sie getrunken hat, und mit diesem sehnsüchtigen Blick in den Augen, zücke ich, hinterrücks, wie ich bin, einen der Briefe aus der Gesäßtasche meiner Jeans und halte ihn ihr vors Gesicht, während ich beobachte, wie es vor mir zerbröckelt und in sich zusammenfällt, das hübsche Gesicht. „Ich glaube, den hast du verloren."

Auch nicht meine Art, nein.

Dann also wieder ein anderes Setting. Diesmal gebe ich mir selbst die Rolle des moralisch Schwächeren, desjenigen, der seine eigene Partnerin nicht verstehen konnte und es nicht mal versuchte, der, der ständig durch sie hindurchsah. So, als wäre sie eigentlich gar nicht wirklich da. Mit von Tränen erstickter Stimme entschuldige ich mich reumütig bei ihr für mein persönliches Versagen, gelobe Besserung, und solange Lucille sich nicht gegen mich aufbäumt und protestiert, lasse ich den Trumpf in meiner Hosentasche vorerst unangetastet.

Nein, auch das fühlte sich falsch an. So viel Selbstverleumdung wäre selbst für mich übertrieben, davon war ich überzeugt.

Alle Dialoge spielte ich durch und lernte sie auswendig, aber keiner schien mir überzeugend genug, und so tat ich das, was ich am besten konnte, ich schwieg.

Aber das alles lag mittlerweile lange zurück und vor zwei Jahren hatte Lucille sich ohnehin von mir getrennt. Erst vor kurzem hatte ich den Mut aufgebracht und Olena angerufen, um sie nach einem Treffen zu fragen.

In den Tagen vor dem Treffen dachte ich viel nach.

Dachte über dich nach, Olena.

Nachdem du dich 1991 von mir getrennt hattest, Olena, haben wir uns ein paarmal in unregelmäßigen Abständen wiedergesehen, mal zufällig, mal ganz bewusst. Das erste Mal habe ich von dir gehört, als Jacques sich das Leben genommen hat. Du riefst damals aus Madrid an, einige Wochen nachdem du gegangen warst, und ich weiß noch, wie ich mich Tage danach noch darüber wunderte, dass du es vor mir erfahren hattest, obwohl du ja diejenige warst, die Tausende von Kilometern entfernt war, während ich selbst ihn am Vortag noch gesehen hatte. Und ein paar Tage später holte ich dich vom Flughafen ab, du hast bei mir übernachtet, und als du nachts auf mir saßt und deine Hüften auf mein Becken gepresst hast, da habe ich plötzlich gespürt, wie Tränen von dir auf meine Brust tropfen, und ich habe dich gefragt, ob wir aufhören sollen, aber du wolltest nicht.

Ich habe mich gehasst dafür, dass Jacques' Tod in mir die Hoffnung auslöste, dass du wieder zurück zu mir, nach Berlin kommen würdest. Und ich habe dich dafür gehasst, dass der Tod unseres guten Freundes nicht ausreichte, um zusammenzuhalten, und du vier Tage nach der Beerdigung wieder ins Flugzeug gestiegen bist und mich mit all den Plätzen in unserer Stadt und den qualvollen Erinnerungen alleingelassen hast.

Jacques mit halb offenen Augen beim Bäcker Albrecht, Jacques in der U-Bahn, Jacques in meiner Badewanne, Jacques in meiner Wohnung auf der Couch, bis tief in den Nachmittag hinein schla-

fend, Jacques im Candy, so wie an seinem letzten Abend. "Give me big shit, cause I'm big." Worte, an die ich mich merkwürdigerweise erinnerte, Worte, bevor er die dicken Lines so sprichwörtlich wegschniefte, als gäbe es kein Morgen, tragikomisch.

Zwei Tage nach Jacques' Tod und bevor du nach Berlin gekommen bist, bin ich wieder ins Ivy gegangen, diesmal allein, und ich eränkte meinen Kummer mit einer besonders großzügigen Menge Alkohol. Ich erinnere mich nicht mehr an die Stunden, die ich dort verbrachte, aber meine Erinnerung setzt ein paar Stunden später wieder ein, als ich in der U-Bahn aufwachte. Zuerst nahm ich die Stimmen um mich herum wahr.

"Er schläft, glaube ich."

"Wir müssen jetzt sofort jemanden rufen."

"Ich glaube, er ist wach."

"Er muss aufstehen."

"Er zappelt ja. Wir können ihn, glaube ich, schlafen lassen."

"Er darf so nicht auf dem Sitz liegen, sonst muss ich den Sicherheitsdienst rufen. Die Schuhe müssen vom Sitz runter."

"Hallo, Junge. Wir müssen deine Schuhe vom Sitz nehmen." Meine Füße wurden unsanft vom Sitz gehoben und auf dem Boden abgestellt.

"So, Freund und Kupferstecher, kommst du einmal hoch?" Jemand griff mir unter die Arme. "Ich kann dich hier so nicht liegen lassen."

"Lass dir doch mal helfen, Junge", sagte die andere Stimme.

Ich versuchte mich aufzustützen und die Augen aufzumachen, aber ich konnte nur verzerrte Umrisse erkennen.

"Du hast die Jacke falsch herum an." Mein rechter Arm wurde in einen Ärmel gesteckt und ich stand nun schwankend auf dem Boden der U-Bahn. "Komm, Junge."

Die Stimmen machten mich unendlich wütend, wieso konnten sie mich nicht in Ruhe lassen? Ich schwankte zur Tür und ver-

suchte sie gewaltsam zu öffnen.

„Du musst schon das Knöpfchen drücken, wenn du rauswillst." Jemand drückte den Knopf für mich und schubste mich unsanft nach draußen. Ich drehte mich um und brüllte wütend in Richtung des Umrisses, den ich als den Schubsenden ausmachte.

„Ach komm, Junge, wir wollten doch nur helfen, verdammt. Dann nicht, fick dich selbst, Junge!" Und die Türen gingen zu und die U-Bahn rollte donnernd davon, und ich wusste nicht, wo ich war und was ich mit mir tun sollte, aber es war mir in dem Moment auch egal. Abende dieses Kalibers gab es danach leider in bedenklicher Regelmäßigkeit.

„Wie hat er sich umgebracht?", fragte ich dich damals am Telefon.

„Erhängt."

„Aber warum?"

„Ich weiß es nicht, Alexis."

Gedanken, Gefühle, Fragen, mit denen man sich nie ehrlich genug auseinandergesetzt hat und die man ständig zurück unter die Oberfläche gestoßen hat, sobald sie sich bemerkbar machten, tauchen das ganze Leben lang als Geister des Mahnrufs wieder in einem auf und saugen erbarmungslos alles an Wohlbehagen auf, was bis dahin überlebt hat.

Ich habe ständig an ihn gedacht, sein Gesicht und das grässliche Lachen ständig im Kopf gehabt. Nachdem Olena weg war, habe ich ihn fast täglich gesehen, deswegen war das Nichtbegreifen nach seinem Tod auch so groß. Nach der Arbeit lungerten wir meistens in irgendwelchen Cafés und Bars rum und warteten auf den Einbruch der Dunkelheit. Aber nicht immer waren wir unterwegs, oft saßen wir auch bei mir zu Hause und tranken Bier und redeten irgendwelchen Unsinn oder schwiegen und hörten Musik. Während die anderen aus der Truppe oft ernsthafte Verpflichtungen hatten, wurden wir zum traurigen Verbund von zweien, bei denen das ewige Herumlungern nie ausgereizt war und die, selbst wenn sich alles gegen die Anwesenheit des anderen sträubte, nicht allein sein wollten.

Zwei Wochen vor seinem Tod stand er eines Abends in der Tür, völlig unangekündigt. Es war der erste Abend seit langem, den ich endlich wieder allein verbringen wollte, und ich deutete das als Zeichen einer mentalen Verbesserung. Ich war beinahe euphorisch, weil ich mich regelrecht darauf freute, nur mir selbst ausgesetzt zu sein. Aber da stand er plötzlich im Türrahmen und fragte: „Hey, Bock auf ein Bier?", und er hielt mir eine Flasche unter die Nase.

„Nein, sorry, heute nicht."

„Willst du mich nicht reinlassen?"

„Ist es dringend?"

„Ich hab mich nicht gut gefühlt vorhin und ich wollte dir was über mich erzählen, deswegen bin ich hier."

„Kann das auch bis morgen warten?"

„Klar, kein Problem." Und er wandte sich um und war verschwunden.

Aber der Moment war vorüber und am nächsten Tag, als ich ihn darauf ansprach, zuckte er nur die Schultern und lachte. „Schnee von gestern."

Und ich hörte nicht auf, mich zu fragen, was er mir hatte sagen wollen, was so wichtig war, dass man es bei Anbruch eines neuen Morgens nicht mehr über die Lippen bekam. Zwei Wochen bevor er starb.

Ich erinnere mich noch an das zweite Wiedersehen, 1995, ein paar Jahre später. Du warst wieder zurück in Berlin, das hatte ich einige Monate vorher von einem Bekannten erfahren, den ich auf der Straße getroffen hatte. Irgendwann hast du angerufen und wolltest plaudern. Einfach so, als wäre nichts geschehen, und als du von mir gehört hast, dass ich inzwischen mit meiner neuen Freundin zusammenwohnte, da habe ich das Stocken in deinem Atem wirklich durchs Telefon hören können. Aber was dachtest du denn? Dass ich über vier Jahre später noch immer bedröppelt in meiner Wohnung hocke und darauf warte, dass du mich erlöst? Verwunderlich wäre es tatsächlich nicht gewesen, das stimmt.

Ein Treffen habe ich mir trotzdem nicht entgehen lassen, mich hat schon interessiert, was so aus dir geworden ist, und außerdem gab es ja auch sicher noch Dinge zu besprechen, zu klären, sagte ich mir.

Wir haben uns bei einem kleinen Thailänder getroffen, du hattest mächtig Hunger, hast eine Vorspeise und die Portion Reis mit Hähnchen in beeindruckender Geschwindigkeit verschlungen wie ein Raubtier, ich habe mir nur ein Bier bestellt. Den ganzen Abend über trugst du dieses rosafarbene Kaschmirtuch auf dem Kopf und hast dich vehement dagegen gewehrt, es abzulegen, weil dir so kalt war, das habe ich gesehen. Ich werde auch den Anblick nicht vergessen, wie du da über den Krabbenchips und deiner Kokossuppe hingst und eine Weile nicht hochgesehen hast, als du die Suppe weggeschlürft hast.

Und später, als wir das Lokal verlassen haben, kam die Bahn, die ich nehmen musste, plötzlich viel zu früh, und weil du das Gefühl hattest, es wäre noch nicht alles gesagt, bist du mit in die Bahn gestiegen und bist bis zum Kottbusser Tor mit mir gefahren. Und weil dann auf einmal ich das Gefühl hatte, es wäre noch nicht alles gesagt, habe ich dich auf einen Tee in dieser heruntergekommenen Sportsbar eingeladen, und dann saßen wir da, rauchten eine Zigarette nach der anderen, während draußen der Schnee fiel, und du hast immer noch nicht dran gedacht, dein Kaschmirtuch vom Kopf zu nehmen. Und du musst gewusst haben, wie gerne ich über den Tisch gegriffen und dich berührt hätte, aber du hast ja auch gewusst, dass mir nun mal die Hände gebunden waren und ich Lucille auch liebte und du ja diejenige gewesen warst, die sich von mir getrennt und mich im Stich gelassen hatte.

Das war vor zweiundzwanzig Jahren. Auch danach haben wir uns hin und wieder mal gesehen, aber das Verlangen wurde von Jahr zu Jahr kleiner, und ehrlich gesagt war davon irgendwann nur noch ein schwacher Nachhall aus meinen Erinnerungen von dir übrig. Was aber blieb, war das Gefühl, dass ich dich nicht nur schon mein ganzes Leben gekannt hatte, sondern dich auch endlos weiter kennen würde.

Zweiundzwanzig Jahre später, und Olena stand in meiner Küche, mit dem Rücken zu mir, und kochte Tee. Mich beschlich ein Gefühl, als wäre es immer so gewesen, so normal fühlte sich der Anblick an.

Seit sie nach meinem Anruf und unserem Treffen wieder in mein Leben getreten war, hatten wir nicht darüber gesprochen, was mir passiert war, und ich war ihr sehr dankbar, dass sie es mir überließ, darüber zu sprechen oder nicht.

Nur heute drehte sie sich unvermittelt zu mir um und sah mich geradewegs an.

„Wie kommst du eigentlich gerade zurecht mit allem?" Die Frage schwebte einen Moment in der Luft, bevor sie fortfuhr: „Du wirkst immer so distanziert von allem, finde ich."

Ich schluckte und wartete darauf, dass das brennende Gefühl in meiner Kehle verschwand. Ich versuchte zu antworten, wollte etwas erwidern und ihr versichern, dass es mir gut ginge. Aber ehe ich das erste Wort mühsam herausgekrächzt hatte, spürte ich bereits, wie mir die Tränen in die Augen schossen. Hastig wischte ich sie mit dem Handrücken beiseite, aber die nächsten Tränen flossen bereits aus meinen Augen und ich konnte sie nicht bremsen. Wieder versuchte ich sie wegzuwischen, aber vergeblich. Es war ein einziges Trauerspiel, und Olena hatte es ohnehin längst bemerkt.

„Tut mir leid, das war unsensibel."

Sie kam auf mich zu, und bevor ich es hätte verhindern können, nahm sie mich in die Arme und drückte mich fest an sich. Ich hatte es längst aufgegeben, die Tränen zurückzuhalten, und so fing ich lauthals an zu schluchzen. Ich erschrak über den Bach, der meine Wangen hinab- und auf Olenas T-Shirt tropfte. Gleichzeitig befiel mich eine große Erleichterung, und ich jaulte weiter und wollte gar nicht mehr damit aufhören. Mein Kopf lag auf ihrer Schulter und sie strich sanft mit ihrer Hand darüber und sagte nichts. Sie versuchte nicht, mich zu beruhigen oder zu besänftigen und so mein Schluchzen zu unterbrechen.

Ich weiß nicht, wie lange ich weinte, aber als ich aufhörte, lagen wir fest umschlungen auf dem Sofa und sie streichelte noch immer meinen Kopf. Ich wollte sagen, dass es mir leidtat, dass ich selbst nicht wusste, was passiert war, aber sie unterbrach mich.

„Schhhschh", sagte sie. „Das musste sein."

...

Wieder mit Olena zusammen zu sein, fühlte sich an, wie nach jahrelangem Reisen nach Hause zu kommen. Ich rechnete ständig im Kopf zurück und konnte nicht glauben, dass wirklich so viele Jahre seit der Trennung vergangen waren.

In manchen Momenten schaute ich sie an und bemerkte die versäumten Jahre, die sich auf ihrem Gesicht verewigt hatten und in Form von Linien und Fältchen eine lose Vermutung für die Vergangenheit bildeten. In anderen Momenten war es so, als wäre sie kaum gealtert. Sie war jetzt Mitte vierzig und ihr

Gesicht hatte das Weiche nicht verloren, an das ich mich zurückerinnerte. Ihr Blick war fragend, traurig, und ich hatte oft das Gefühl, als wäre sie die Ältere von uns beiden. Sie war oft in Gedanken versunken und starrte vor sich hin, die Arme vor der Brust verschränkt. Auf mich wirkte sie traurig, aber auf der anderen Seite war sie der Inbegriff eines Menschen, der es verstand, das Leben in vollen Zügen zu genießen. Sie hatte eine beeindruckende Begabung dafür, klar zu erkennen, was im Leben wirklich wesentlich und relevant war. Es war wie früher, als sie sich nicht vom westlichen Glaubenssatz hatte täuschen lassen. Sie war einer strengen Arbeitsmoral nie verfallen, hatte sich nicht verunsichern lassen von den Erwartungen, die man damals an junge Menschen stellte. Olena lebte gelassen, befreit von fremden Konventionen und so, wie es ihr gerade passte.

Ich konnte es nicht vermeiden, sie mit Lucille zu vergleichen. Der Unterschied war wie Tag und Nacht für mich. Ich hatte den Drang, mich um Olena zu kümmern, aber anders als Lucille wies sie mich zurück. Sie war nicht bedürftig, ihre Selbstständigkeit in allem verunsicherte mich. Ich malte mir in Gedanken immer wieder ihre Vergangenheit aus, die ganzen Jahre, die ich versäumt hatte, aber ich wurde nie schlau aus ihr. Sie sprach nie darüber, wo sie herkam. Die Entschlossenheit hinter ihrem Schweigen war beeindruckend, aber im selben Moment dachte ich, dass mehr dahinterstecken musste. Sie war eine jener Frauen, die gelernt hatten, sich nicht täuschen zu lassen, und die daran glaubten, dass ihre Schwäche etwas war, das sie mit sich selbst ausmachen mussten. Ich dagegen gab mich ihr hin, wie ich es bei Lucille selten getan hatte, und fühlte mich manchmal wie ein kleiner Junge. „Der Schmerz hat dich nahbarer gemacht", sagte Olena zu mir.

Und so blieb mir als Erinnerung nur die Zeit meiner Jugend, die wir gemeinsam verbracht hatten. Ich hatte nur die glücklichen Erinnerungen behalten, die anderen hatte meine Wehmut mit den Jahren ausgemerzt. Obwohl ich lange nach unserer Trennung letztendlich zu dem Entschluss gekommen war, dass es so tatsächlich besser war, war ich jetzt wieder der naive Anfang Zwanzigjährige von damals, der über diesen einen Menschen alles Erfahrbare aufspüren wollte. Nachdem ich sie jahrelang in romantischer Retrospektive betrachtet hatte, verliebte ich mich törichterweise augenblicklich in das, woran ich mich so schmerzlich erinnerte.

Genau wie mich hatten die vergangenen Jahre auch sie verändert und ich stellte manchmal verängstigt fest, dass ich keine Ahnung hatte, was ihr passiert war, und einzig wusste, dass sie sich mir gegenüber verschloss. Und dennoch gab es die Momente, in denen ich ganz klar sehen konnte, wen ich vor mir hatte. Wenn sie lächelte, wenn sie mich anschaute, mit dem Zeigefinger über mein Gesicht strich, dann bildete ich mir ein, dass ich auf den Grund ihres Geistes schauen könnte.

Als ich Lucille kennengelernt hatte, war sie ein offenes Buch gewesen, in gewisser Weise hatte sie sich auf mich gestürzt und mir keine andere Wahl gelassen, als Teil ihres Schauspiels zu sein. Ihr ganzes Leben war eine einzige Aneinanderreihung von dramatischen, affektierten Szenen, die, wenn man sie einmal durchschaut hatte, ihren Glanz verloren. Als ich erkannt hatte, dass Lucilles Leben auf einer Bühne stattfand, und realisiert hatte, welche Rolle ich darin spielte, hatte es mich genervt. Olena hingegen verstellte sich nicht, sondern ließ das Leben kommen, wie es kam, ohne zu versuchen, aus jeder Situation ein Kunstwerk zu schaffen. Ich wusste, dass mein Vergleich absolut unfair war, aber ich wusste auch, dass ich unter den gegebenen Umständen nur so denken konnte.

Als ich eines Tages, drei Monate nachdem ich Olena zum ersten Mal wiedergesehen hatte, nach Hause kam, lag ein Brief von Lucille im Briefkasten. Im ersten Moment dachte ich an Olena, und ich fragte mich, was dieser Brief für uns zu bedeuten hatte. Ich spürte, wie sich alles in mir zusammenzog, mit zitternden Händen nahm ich ihn mit nach oben. Seit einiger Zeit kämpfte ich nun schon gegen Ängste an, wenn ich allein war, und eine dieser Ängste war die Gewissheit, dass Lucille sich früher oder später wieder in mein Leben schleichen würde.

Für ein paar Stunden ignorierte ich den Brief, er blieb ungeöffnet auf der Kommode liegen. Aber irgendwann überkam mich das schlechte Gewissen, und ich nahm ihn mit in die Küche und öffnete ihn am Küchentisch.

Lieber Alexis,
ich liege nackt auf dem Sofa, der Fernseher läuft. Es läuft eine Dokumentation über Analogkäse, aber ich höre nicht zu. Ich habe gerade geduscht, du weißt, dass ich mich gerne von der Luft trocknen lasse. Das Sofakissen hat sich bereits mit dem Wasser von meinen tropfenden Haaren vollgesaugt.
Bestimmt wirst du dich über meinen Brief wundern. Ich stelle mir vor, wie du ihn im Treppenhaus liest, dich auf einer Stufe niederlässt, weil du es nicht abwarten kannst, ihn zu lesen. Ich weiß, es wird nicht so sein. Du wirst ihn mit der restlichen Post mit hinaufnehmen, ihn auf das kleine Ablageschränkchen (gibt es das überhaupt noch?) legen und zunächst deine Schuhe ausziehen und deine Jacke aufhängen. Vielleicht wirst du ihn dann mit einem Briefmesser öffnen und ihn lesen. Vielleicht wird er aber auch lange dort liegen bleiben, bis du ihn einige Stunden später öffnen wirst. Und ganz vielleicht wirst du ihn auch gar nicht lesen wollen. Ich weiß es nicht.
Es ist nicht das erste Mal, dass ich mir vorstelle, wie du be-

stimmte Dinge tust. In meinen Gedanken verfolge ich deine Bewegungen über den ganzen Tag. Ich schaue dir beim Essen zu, ich schaue dir beim Schlafen zu und ich beobachte dich dabei, wie du das Haus verlässt, und warte, bis du abends wiederkommst. Meistens kann mich meine scharfe Vorstellungskraft beruhigen, manchmal jedoch sind die Formen in meinem Kopf verschwommen und manches kann ich nicht erkennen. Das ist tragisch, denn ich werde dann unglaublich nervös.

Ich erkenne dann nicht, ob du gut gelaunt bist oder nicht, ob du mehr graue Haare bekommen hast und ob du den grünen Strickpullover mit dem Reißverschluss am Hals trägst, den ich dir mal zum Geburtstag geschenkt habe.

Von Tag zu Tag fällt es mir schwerer, klar zu denken. Du entgleitest mir immer mehr und manchmal bleibt nichts als deine leere Silhouette zurück.

Ich möchte aber wissen, was du tust und wie du aussiehst, denn du fehlst mir. Jeden Tag. Ich möchte dich mir nicht mehr vorstellen. Ich möchte dich sehen. Dein glückliches Gesicht aus der geringsten Distanz sehen, dir den grünen Pulli ausziehen, durch deine neu dazugekommenen grauen Haare streichen. Vom Schopf bis zu den Fußsohlen möchte ich dich untersuchen und herausfinden, was sich verändert hat in der langen Zeit, in der wir uns nicht gesehen haben. Bilden die Muttermale auf deinem Arm noch immer die gleiche Konstellation oder hat sich eine neue gebildet? Sind deine Knie noch immer so merkwürdig spitz?

Manchmal frage ich mich, warum dein Körper viel anziehender und großartiger ist als alle anderen Körper. Warum ich mich so genau an alle Kleinigkeiten erinnern kann und warum diese Kleinigkeiten so wichtig für mich sind. Ich weiß nicht, warum die Linien auf deinen Handflächen so schön sind,

warum ich deine Ellbogen atemberaubend finde und warum dein Rücken überwältigender ist als alle anderen Rücken. Ich weiß nicht, wieso, aber es ist so. Du bist überwältigender als jeder andere Mensch, den ich kenne.
Jede Linie, jedes Muttermal, jedes Haar und jede Pore an deinem Körper gehören zu mir und sind ein Teil von meinem Ganzen. Ich kann den Gedanken nicht ertragen, dass es kleine Flächen an deinem Körper gibt, die meine Fingerkuppen noch nicht berührt haben.
Simon vermisst es auch, uns zusammen zu sehen. Ich möchte nicht, dass wir die Zeit bei unserem Sohn so unter uns aufteilen. Wir sollten sie gemeinsam verbringen. Simon möchte, dass wir uns wieder Hallo sagen und dass wir endlich alles Geschehene hinter uns lassen, uns versöhnen und Frieden schließen. Ich möchte es auch.
Ich habe dir weh getan. Ich war nicht gut zu dir. Ich habe dir Unrecht getan. Und es tut mir leid, Alexis. Ich zucke vor Scham zusammen, wenn ich daran denke, was ich getan habe. Ich bereue vieles. Vielleicht bist du bereit dazu, mir zu verzeihen.
Deine Lucille

Nachdem ich den Brief zu Ende gelesen hatte, stand ich auf und lief eine Weile ziellos in der Wohnung umher. Dann ließ ich mich auf den Hocker im Flur fallen und vergrub das Gesicht in den Händen. Mir war nach Schreien zumute, aber ich saß einfach nur mit versteinerten Gliedern da und bewegte mich nicht. Erst in diesem Moment realisierte ich, wie sehr ich mich davor gefürchtet hatte, von Lucille zu hören, und wünschte mir nun, ich hätte den Brief nicht gelesen.

Ich faltete ihn zusammen und steckte ihn zurück in den Umschlag.

„Du kranke Sau", sagte ich leise, weil ich nicht wusste, was ich sonst hätte sagen sollen. Lucille war zurück und ich spürte, dass es meine Pflicht war, mich um sie zu kümmern, und diese Erkenntnis zog mich wie ein schweres Gewicht nach unten.

***

„Kannst du das Fenster wieder zumachen? Wir haben jetzt doch genug Stadtluft hier drinnen", sagte Lucille, als sie zwei Wochen später in meiner Küche saß, und ich fühlte mich augenblicklich wie in der Zeit zurückgeworfen. Olenas Sachen hatte ich in einer Kiste unter meinem Bett verstaut, und damit waren alle Indizien meines neuen Lebens wie ausradiert. Ich hatte Lucille angerufen, einige Tage nachdem ich den Brief gefunden hatte. Nun saßen wir uns gegenüber und tranken den Rotwein, den sie mitgebracht hatte. Das ganze Treffen war unangenehm vertraut, aber gleichzeitig spürte ich, dass sich etwas verändert hatte.

„Es wird nicht aufhören, dass etwas anders ist", sagte ich plötzlich.

„Wie meinst du das?" Lucille strich sich die Haare zurück.

„Wir können uns gegenseitig nicht mehr vor den Folgen unserer Last bewahren."

„Das hört sich so lyrisch an, wenn du das sagst, aber was meinst du denn?"

„Ich glaube einfach, wir kommen nie wieder an den Punkt zurück, an dem wir einander wirklich guttun." Ich nahm einen tiefen Zug von meiner Zigarette und sah Lucille nicht an, während ich die Worte aussprach.

„Sehe ich anders." Lucilles Worte durchschnitten die Luft. „Ich denke, dass niemand anders unsere Last so gut nachvollziehen kann wie wir beide selbst."

Sechs Tage nach diesem Treffen, an einem Dienstag, schlief ich bis in den Vormittag hinein und wurde von einem Gefühl tiefer Beklommenheit geweckt. Ich wachte auf und hatte plötzlich eine Entscheidung getroffen, von der ich wusste, dass sie mein Leben ganz unweigerlich für immer verändern würde. An diesem Morgen wusste ich bereits, dass ich mich auch in Zukunft mit Unbehagen an diesen Tag zurückerinnern würde.

Den ganzen Mittag lang fühlte ich mich, als würde ich mich auf meine eigene Hinrichtung vorbereiten. Um drei traf ich Olena in einem Café am Kollwitzplatz. Schon von Weitem konnte ich sie sehen – die braunen Haare, das rote Halstuch und die braunen Lederstiefel –, und ich konnte nicht sagen, ob es etwas auf der Welt gab, das mehr Verlangen in mir hätte auslösen können.

Sie ließ sich auf den Stuhl vor mir fallen und lächelte mich an. Ich schaute sie an, und ich dachte, wenn ich hier einfach sitzen bliebe, würde das Unvermeidliche vielleicht doch vermeidlich werden. Solange ich diese Zigarette rauchte und sie nicht ausging, konnte nichts passieren. Es konnte sich nichts ändern und Olena würde nicht weg sein, solange dieser Moment gleich blieb, solange die Menschen, die hier saßen, der Mann mit der Zeitung dort drüben, die junge Mutter mit ihrem unruhigen Kind mit den blonden Löckchen, die unsichere Bedienung mit der dreckigen Schürze, die klapprigen Plastikstühle, aufgereiht wie zur Volkszählung, und die großen Eichen einfach hier blieben und mit dem weitermachten, was sie auch schon in der vorherigen Sekunde und in der davor getan hatten. Und solange keine neue Geschichte ihren Lauf nehmen, kein neuer Moment eintreten konnte und der Mittag nicht zum Nachmittag wurde, der Abend nicht zur Nacht und die Nacht nicht zum neuen Tag, so lange würde nichts passieren.

Und so rauchte ich eine Zigarette nach der anderen, immer darauf bedacht, das Glimmen zu erhalten. Ich wollte nicht, dass

Olena sich bewegte, dass sie den Kopf auch nur für eine Sekunde zur Seite drehte. Vollkommene Starre war mir lieber als eine noch so kleine Veränderung, die den anhaltenden Moment zunichtemachen konnte und mich aus meiner letzten Sicherheit reißen würde. Ich atmete weiter, ich rauchte weiter diese Zigarette, ich sah Olena weiter an, also musste alles noch genau gleich sein, und ich lebte so weiter, wie ich es auch eben gerade schon getan hatte. Olena griff über den Tisch nach meinem Zigarettenpäckchen und dem Feuerzeug und zündete sich die erste, dann die zweite, die dritte, schließlich die vierte an, ohne den Strom zu unterbrechen, wie ich, ohne den neuen Moment herein- und mich aus den Augen zu lassen.

„Jetzt ist mir übel."

Ich antwortete nicht.

„Sprich mit mir."

„Nein, bleib einfach genau so hier."

„Alexis. Was ist los?"

Alles in mir drängte mich dazu, den Lauf der Dinge aufzuhalten, und trotzdem hörte ich mich sagen: „Lucille ist zurück."

Und der Moment, mit dem ich eben noch verschmolzen war, war plötzlich verpufft, und es war so, als wäre auch ich verschwunden und würde schlagartig keinen Raum mehr einnehmen. Alles, was vorher Teil dieses Moments und meiner Realität gewesen war, entglitt mir und es war, als wäre mein Körper plötzlich vollkommen durchlässig geworden und als würde alles einfach durch mich hindurchsickern. Ich schaute an mir herunter, schaute in mich hinein und stellte fest, dass nichts von meiner Welt noch da war.

Der Mann klappte die Zeitung zu und winkte der Kellnerin, um zu signalisieren, dass er zahlen wollte, die junge Mutter hatte das Kind besänftigt und sie tranken still die Apfelschorle vor ihnen, die Bedienung hatte eine saubere Schürze angezogen, die Formation der Plastikstühle hatte sich durch das Eintreffen neuer Kunden verändert, lediglich die Blätter der großen Eichen wehten noch genauso unbeirrt wie schon zuvor im sanften Wind.

***

Was in den Wochen danach folgte, war zunächst ein vorsichtiges und respektvolles Einander-Annähern, das jedoch bald abgelöst wurde von der Einsicht, dass sich eigentlich doch nichts geändert hatte. Lucilles anfänglich eifrige Bemühungen ließen schnell nach, und ich war bald wieder der nörgelnden und vorwurfsvollen Lucille ausgesetzt, die mich nichts als ihre Abscheu mir gegenüber spüren ließ. Es gibt Menschen, die einen besonderen Kick aus düsteren Prognosen ziehen. Je düsterer die Vorhersage, desto mehr fühlen sich diese Menschen in ihrer Weltsicht bestätigt. Genau so war es bei Lucille auch, und dagegen anzukämpfen strengte mich irgendwann so sehr an, dass ich es aufgab und sie einfach reden ließ.

Abends saß ich oft am Küchentisch, und ich glaube, dass meine Sehnsucht nach einem anderen Leben nie so gewaltig und deprimierend war wie in diesen Momenten. Es war mittlerweile Herbst geworden und ich hatte Angst vor dem, was er noch für mich bereithielt. Ich hörte die Stimmen draußen, ich hörte das Rascheln der Bäume, ich sah den Nebel in grauen Schlieren vorbeiziehen und ich hatte absolut keinen Grund, rauszugehen. Deshalb blieb ich drinnen und wünschte mir sehnlichst, dass Olena und nicht Lucille für das Klappern in der Küche verantwortlich wäre. Dann wären die Herbsttage nicht so einsam gewesen.

Am siebten Dezember starb Frau Hoffmann, unsere demente Nachbarin, und Lucille und ich gingen gemeinsam zur Beerdigung. Mir war den ganzen Tag speiübel gewesen und ich klammerte mich hilfesuchend an Lucilles Arm. Zur Beerdigung waren fünfundzwanzig Menschen erschienen, aber ich kannte bloß Frau Hoffmanns Cousine, Elenora, die sich um den Umzug ins Pflegeheim und den ganzen bürokratischen Kram gekümmert hatte, und Thea, die zwei Jahre lang für Frau Hoffmann einkaufen gegangen war und mit der sie und ich monatelang gemeinsam Kniffel gespielt hatten.

Als die Urne ins Grab hinabgesenkt wurde, hielt ich es nicht mehr aus, und zu Lucilles großer Bestürzung fing ich lauthals an zu schluchzen. Ich krümmte mich zusammen, und Lucille versuchte verzweifelt, meinen Körper davon abzuhalten, auf den Boden zu sinken. Thea griff nach meinem anderen Arm, und so hielten sie mich mühselig fest, aber die Beine drohten mir ständig wegzuknicken. Die Trauergäste in der Reihe vor uns drehten sich um, aber ich weinte nur noch lauter.

Irgendwann zog Lucille mich aus der Menschentraube und lief mit mir zu einer Bank in der Nähe. Wir setzten uns, und sie zog meinen Kopf an ihre Schulter und strich mir über die Wange. Dann sagte sie Dinge, die man eben so sagt, wenn gerade jemand verstorben ist. Und ich war mir sicher, sie dachte, dass ich Frau Hoffmanns Tod nur für mein eigenes Selbstmitleid benutzte, dass er nur stellvertretend für etwas anderes stand, dessen ich mich anders nicht annehmen konnte. Dabei war es an diesem Tag wirklich einzig Frau Hoffmanns Ableben, um das ich trauerte. Aber das konnte Lucille nicht wissen, weil sie in den letzten Monaten nicht mitbekommen hatte, wie sehr mir diese Frau ans Herz gewachsen war. Hätte sie gewusst, dass es Frau Hoffmanns Verdienst gewesen war, dass ich den Drogen im entscheidenden Moment den Rücken gekehrt hatte, hätte sie sicher etwas mehr Wohlwollen an den Tag gelegt.

Ich schaute zurück zu den anderen und fing Theas Blick auf. Sie weinte nicht, aber ich sah, dass ihre Hände zitterten. Sie lächelte mir wohlmeinend zu und legte bedeutungsschwer ihre rechte Hand aufs Herz. Eine Geste der Zuneigung, die ich sonst nicht mit ihrer Person in Verbindung gebracht hätte.

Frau Hoffmann hatte mir einiges hinterlassen, darunter auch zwei kleine Goldbarren und teures chinesisches Porzellan, aber was mich am meisten berührt hatte, waren ein kleiner Becher aus rostrotem, wunderschönem Leder und fünf schwere, marmorfarbene Würfel gewesen. Im Becher lag ein kleiner Zettel: *Viel Erfolg bei der Kniffel-Weltmeisterschaft in Tokio.*

***

Die darauffolgenden Tage waren gute Tage.
Ich ignorierte das Telefon, wenn es klingelte.
Ich las keine Zeitung.
Ich blieb im Bett liegen.
Und rauchte im Liegen.
Ich ging nicht zum Briefkasten.
Ich dachte auch nicht nach.
Lucille schien auch nicht nachzudenken.
Sie las stundenlang in ihrem Buch.
Sie redete nicht.
Sie schaute niemandem vom Balkon aus hinterher.
Sie rauchte nicht mehr.
Ich dachte nicht über uns nach.
Und Lucille hatte auch keine Lawine mehr losgetreten.

KAPITEL SIEBEN

LUCILLE (2001)

Ich sehnte mich nach Ruhe und zugleich sträubte ich mich gegen sie. Es wäre eine große Enttäuschung gewesen, zu wissen, dass ich in irgendeiner Form berechenbar war und dass meine Handlungen, anders, als ich glaubte, für andere doch voraussehbar waren. Paradoxerweise tat ich Dinge, die andere nicht erwarteten, um damit zu vermeiden, dass ich mir selbst allmählich entglitt. Indem ich Unverständnis provozierte, stärkte ich die Beziehung zu mir selbst.

Vielleicht überstand ich die ersten Jahre mit Alexis nur, weil ich mir diese Vernebelung meiner Persönlichkeit jahrelang bewahrte. Nach jeder Interaktion mit ihm blieb etwas in mir zurück, zu dem ich ihm den Zutritt verweigert hatte, und das Wissen um diese menschenleeren Gegenden meiner Persönlichkeit machte mich ungemein glücklich. Ich hielt ihn um eine Armeslänge von mir entfernt, aber ironischerweise bemerkte er es nicht. Hätte er gewusst, dass meine Gedanken häufig nicht synchron mit den Worten waren, die ich zu ihm sagte, hätte er nicht nur meine Integrität angezweifelt, sondern ich hätte auch meine ganze Selbstbefreiung aufgeben müssen. Dadurch, dass so viel von mir im Verborgenen blieb, glaubte ich die Oberhand behalten zu können und Alexis, den Meister der Verschlossenheit, doch noch zu besiegen.

Als meine Periode drei Wochen überfällig war, sagte ich niemandem etwas davon, und als ich die Gewissheit hatte, schwanger zu sein, sagte ich immer noch nichts. Viel zu machtvoll war das Gefühl, ein so großes Geheimnis zu haben, von dem nur ich allein wusste. Ich wartete noch weitere Wochen, bis ich es Alexis erzählte. Die Erinnerung an diese unbekümmerten ersten Wochen ist noch heute präsent und nicht mal die darauffolgenden Ereignisse änderten je etwas an dieser Tatsache. Eine nie zuvor da gewesene Freude hatte sich in mir breitgemacht, und es klingt profan, aber es war in dieser Zeit, dass mir klar wurde, dass der Grundsatz unseres Daseins Liebe ist und sie sich mir in diesem Moment ganz unmittelbar und unausweichlich gezeigt hatte.

Weihnachten 2000 feierten wir in Fridas Wohnung: Alexis, Frida, Jakob, Elio (ein alter Bekannter aus Alexis' Zeit mit Olena und Jacques), Noah und Charlotte (Freunde aus Jakobs, Fridas und meiner Schulzeit), zwei Bekannte von Alexis vom Fußball sowie Fridas aktueller Partner Lino und Jakobs gute Freundin Ella.

Beim Essen strich ich unter dem Tisch behutsam über meinen Bauch und entschied, dass heute ein geeigneter Anlass war, um Alexis in mein Geheimnis einzuweihen.

„Wein?" Jakob hielt die Flasche direkt über mein Glas.

„Danke, aber ich habe gestern zu tief ins Glas geschaut, und allein bei dem Gedanken an Alkohol kommt's mir hoch", sagte ich und fasste mir dabei genauso theatralisch an die Stirn, wie ich es am Abend vorher auch schon getan hatte.

„Wo warst du gestern?"

„Weihnachtsfeier in der Tanzschule."

Jakob zuckte mit den Schultern und schenkte stattdessen Alexis großzügig ein. Den Abend über war ich innerlich abgelenkt und wartete ungeduldig auf den Moment, in dem Alexis und ich die Wohnung verlassen würden. Diffuse Wortfetzen und besäuseltes Stimmengewirr zogen an mir vorbei, aber ich hörte kaum hin.

„Hat jemand mein Glas gesehen?"

„Kein Vorwurf, Schatz, aber dieser Selleriesalat ist wirklich das Langweiligste, was je zwischen meinen Zähnen gesteckt hat."

„Lasst uns 'ne Runde tanzen!"

„Erst noch der Nachtisch."

„Wir müssen aufpassen, dass die Stimmung nicht abflacht."

„Hol mal das Kokain raus."

„Danke, ich bleibe beim Wein."

„Was hier wohl drin ist? Ein Fußball? Ein Grill? Schwer zu sagen."

„Oh, ein Buch, danke. *Die perfekte Ehe*."

„Das klingt vielversprechend."

„Es ist aber ein Thriller."

„Immerhin keine Tragödie."

„Könntest du nicht mal Alexis therapieren, Frida? Da hätten wir alle was von."

„Und was machen wir jetzt noch?"

„Hör bitte auf, jetzt schon aufzuräumen."

Die Zeit hätte nicht zäher dahinfließen können, und die stetig ansteigende trunkene Heiterkeit erschöpfte mich zunehmend. Um drei Uhr schaffte ich es, Alexis zum Gehen zu überreden, und als wir vor dem Haus standen, war ich froh über die kühle Luft, die mir ins Gesicht blies und meinem benebelten Kopf allmählich wieder Klarheit verschaffte. Es war eine frische und frostige Dezembernacht, und die hellen Lichter der Straßenbeleuchtung prallten unnachgiebig gegen die harten Umrisse der schwarzen Dunkelheit. Alexis griff nach meiner Hand und wirbelte mich um die eigene Achse.

„Tanz!", rief er und begann selbst von einem Bein aufs andere zu wippen und die Arme dabei albern in der Luft kreisen zu lassen. Er schnitt eine Grimasse, und das Ganze sah so lächerlich und skurril aus, dass ich nicht anders konnte, als lautstark zu lachen.

„Merry Christmas!", rief er, griff wieder unbeholfen meine Hände und wir tanzten kurz miteinander, aber wir mussten dabei aussehen wie zwei steife Marionetten.

„Alexis", sagte ich.

„Merry Christmas! Merry Christmas!", rief Alexis wieder.

„Alexis, ich muss dir was sagen."

„Tell me, baby. Aber hör nicht auf zu tanzen." Er machte dabei Pirouetten und verlor fast die Balance.

„Ich bin schwanger, Alexis." Ich wollte ihn anstrahlen, aber meine Gesichtszüge erschlafften in der halb ausgeführten Bewegung, und auch Alexis unterbrach seine Pirouette abrupt.

„Was?" Er starrte mich an.

„Ich bin schwanger."

„Nein."

„Doch, Alexis."

Er fing lauthals zu lachen an, wobei das Lachen eher wie ein brennendes Jaulen klang, und ich stellte kurz voller Ernüchterung fest, dass ich mich mit Beginn unserer Beziehung in ein sehr schwieriges Unterfangen begeben hatte. Sein Gesicht war noch immer zu einer grauenvollen Grimasse verzogen.

„Die Freude ist dir ins Gesicht geschrieben."

„Seit wann?"

„Seit einigen Wochen."

„Seit wann weißt du es?"

„Nicht so lang."

„Fuck." Er griff sich an den Kopf und drehte sich von mir weg. „Fuck, fuck, fuck." Er zündete sich eine Zigarette an, hielt mir das Päckchen hin, entzog es mir eine Sekunde später wieder und vergrub den Kopf in den Händen.

Ich betrachtete ihn einfach nur, so wie man Verrückte auf der Straße oder Tiere im Zoo beobachtet, mit Neugier und doch völlig teilnahmslos. Interessanterweise ließen mich seine Worte seltsam unberührt, und selbst jetzt noch, mit dem Abstand von Jahrzehnten dazwischen, empfinde ich seine Reaktion einfach nur als ziemlich eigenartig, aber tiefer in mein Bewusstsein drangen die Worte nicht vor.

„Und was erwartest du jetzt?"

Ich hielt kurz inne. „Dass du für dich eine Entscheidung triffst. Ich habe meine Entscheidung getroffen. Du kannst überlegen, ob du Vater sein möchtest."

„Und was würdest du von mir als Vater erwarten?"

„Dass du nicht Fußball spielst."

„Was?"

„Nicht Fußball zu spielen, wenn das Kind auf die Welt kommt."

„Wie bitte?"

„Als ich auf die Welt gekommen bin, hat mein Vater gerade Fußball gespielt, auf einem Platz am Stadtrand mit seinen Freunden. Und ich glaube, ich bin in meinem Leben nie darüber hinweggekommen, weniger bedeutungsvoll als ein Lederball gewesen zu sein."

Er sah mich entgeistert an. „Okay." Dann schüttelte er den Kopf. Er sagte: „Noch etwas?"

Ich dachte:

Bring mich nach Hause
Und halt mich geborgen
Wickel mich in dein letztes Hemd
Verbind mir die Wunden
Wasch mir den Schopf
Die Hände
Und leg deine ins Feuer für mich
Setz uns ein Denkmal
Zücke Schwerter

Bäum dich auf
Schwitz Blut und Wasser
Schrei im Regen
Und gegen den Wind
Mit dem Kopf voraus
Renn Wände ein
Stürm die Barrikaden
Spring in die Bresche
Und geh vor die Hunde
Versetz Berge, wenn's sein muss
Aber halt mit nichts hinter ihnen
Öffne deine Karten
Red dich heiser
Um Kopf und Kragen
Werd nie leiser
Merz meine Fehler aus
Bügel sie glatt für mich
Bieg meine Schräglagen
Führ mich vom Holzweg ab
Richte mein Weltbild
Glätte die Wogen
Gib mir dein Wort
Gib mir Brief und Siegel
Und sprich meine Sprache
Schlag in dieselbe Kerbe
Spiel die erste Geige
Mach mir den Hof
Halt meine Welt in Atem
Sei der feste Boden unter mir
Das starke Fundament
Der Fels in der Brandung
Der sichere Hafen

Stell meine Welt auf den Kopf
Halt sie in deiner Gewalt
Halt an unsrer Liebe
Und mit beiden Händen an mir fest
Verlauf dich in mir
Verweb unsere Wege
Wate durch dick und dünn
Auf Gedeih und Verderb
Bis zum Ende mit mir

Aber ich sagte: „Ja. Ich möchte Jubel."

***

Am folgenden Dienstagmorgen lief ich durch die Straßen im Viertel, um Einkäufe zu erledigen, und machte Halt vor einem Straßenkünstler. Ich betrachtete seine Werke, die er vor sich auf dem Boden ausgebreitet hatte. Es waren eigenhändig gemalte Kopien berühmter Kunstwerke. Ich entdeckte Van Goghs *Sternennacht* und einige Werke von Monet, Toulouse-Lautrec und selbstverständlich auch Picasso. Jedes Gemälde war eine sehr detailgetreue, für das ungeschulte Auge vom Original nicht zu unterscheidende Kopie. Es musste den Mann Ewigkeiten gekostet haben, sie zu malen.

Ich betrachtete die Bilder, und der Anblick machte mich zugleich wütend und traurig. *Was für eine Verschwendung*, dachte ich. Überall, wo ich hinschaute, sah ich immerzu rausgeschmissenes Talent. *Verschenktes Potenzial!* Am liebsten hätte ich den Mann angeschrien, ihm gesagt, er solle sein Talent nutzen. Was mich am traurigsten machte, war, dass er womöglich mehr Mühe damit gehabt hatte, diese Werke zu kopieren, als seiner eigenen Kreativität freien Lauf zu lassen. Ich stellte mir vor, wie er stundenlang die Farbtöne zusammengemischt hatte, bis sie denen des Originals geglichen hatten. Wie genau er das Werk studiert hatte, jede Einzelheit in sich aufgesogen hatte. Wie oft er sich verzeichnet hatte und sich hatte korrigieren müssen, bis seine Kopie das Ebenbild von Van Goghs Werk geworden war.

„Stell dich nicht in den Schatten eines anderen, nur weil du zu feige bist", wollte ich rufen. „Erschaffe selbst! Nutze dein Potenzial!"

Aber so waren die Menschen nicht. Die Bequemlichkeit überkam sie alle. Lieber ein unscheinbares Leben führen als den einen mutigen Schritt wagen. Sie wollten blind sein, und so konnte man sagen, was man wollte, man würde sie nicht erreichen. Es war einfacher, sich hinter alldem zu verstecken. Aber die vielen ungenutzten Möglichkeiten machten mich völlig fertig. Und die ahnungslosen, dämlichen Gesichter machten mich wütend. Nie etwas hinterfragen, sich immer hinter ihrer Durchschnittlichkeit verstecken. Ja, so waren sie. Und die unzähligen Träume schliefen tief im Inneren ihres Unterbewusstseins. In Wellen wurden die Gedanken an ein anderes Leben, in dem man seine Träume auslebte, gelegentlich an die Oberfläche gespült, aber im selben Moment wieder hinuntergedrückt mit den Worten: „Es ist doch alles gut so, wie es ist."

Am Abend saßen sie vor dem Fernseher und sahen sich das Leben anderer an. Und beim Abendessen sprachen sie über das Leben der anderen, kotzten sich aus über das Leben der anderen, beurteilten das Tun der anderen, ohne selbst im eigenen Leben jemals auch nur einen Finger gekrümmt zu haben. Und im Büro freuten sie sich auf die Mittagspause, in der sie sich wieder auskotzen konnten. Über die Ungerechtigkeit, über den Job und über das Leben der anderen.

Das alles dachte ich an diesem Dienstagmorgen, und weil mich meine Erbitterung vollkommen übermannte, ließ ich mich überwältigt auf dem Treppenabsatz vor einem Hauseingang nieder und schloss für einen Augenblick die Augen. Das Klingeln meines Handys riss mich aus meiner Starre.

„Ja?"

Am anderen Ende der Leitung brach eine haltlose, sich überschlagende, stürmische Ovation aus und ich musste den Hörer von meinem Ohr weghalten.

„Hallo?"

„Ich bin's."

„Alexis?"

„Ja."

„Was machst du da?"

„Hörst du doch. Ich juble."

***

Trotz der monatelangen Vorbereitung ging alles ganz schnell und ich kann mich nur undeutlich daran erinnern, wie ich ins Krankenhaus kam. Vor meinem inneren Auge sehe ich die hektischen Bewegungen und höre Stimmen, aber alles wirkte so unendlich weit weg und ich fühlte mich in diesem Moment, als hätte ich selbst mit alldem nichts zu tun. Ich weiß nicht, wie viel Zeit verging, bis ich in dem Raum aufwachte, der mich an eine kalte Schneelandschaft erinnerte, die Wände waren weiß, die Decken zierten helle Leuchten, und der Blick aus dem Fenster zeigte nichts als trüben Himmel. Aber als ich zu mir kam, lag Simon neben mir.

„Ich finde, er hat das Gesicht einer Irmgard", sagte Frida kurz nach der Geburt, als sie und Jakob mich das erste Mal im Krankenhaus besuchen kamen.

„Was soll das bedeuten?", fragte ich.

„So stelle ich mir eine richtige Irmgard vor."

„Du möchtest, dass ich meinen Sohn Irmgard nenne?"

„Nein, natürlich nicht. Das können wir ihm nicht antun."

„Er sieht seinem Vater erstaunlich ähnlich", sagte Jakob daraufhin, und ich hörte Bedauern in seinen Worten oder legte es dort hinein.

Wir schauten einander kurz an und ich muss ihm den Kummer angesehen haben, denn ich sagte leise und mit Nachdruck: „Es ist schön, dass ihr da seid."

Ich sah ihm an, wie sehr er sich ein Lächeln abrang, und ich glaube, ich wurde in meinem Leben nie mehr für meine Taten bestraft als mit diesem abgerungenen, aber ehrenhaften Lächeln.

Als ich Simon das erste Mal in den Armen hielt, war ich völlig hilflos. Ich starrte den rosa Körper mit blanker Ratlosigkeit an. Die kleinen Gliedmaßen waren verschrumpelt und das Gesicht vollkommen verknautscht. Ich hatte auf die steuernde Natur gehofft, die mich irgendwie spüren lassen würde, wie man sich als Mutter verhält. Aber nun wusste ich nicht, wie ich mich verhalten sollte. Jeder, der sah, wie unsicher ich Simon in den Armen hielt, musste denken, dass ich völlig ungeeignet für diesen Job war. Nun, da dieses Lebewesen aus meiner Gebärmutter gepresst worden war, hatte mein Handeln einen noch größeren Einfluss bekommen. Es gab so viel, was ich falsch machen konnte. Ich schaute auf das kleine Bündel Leben in meinem Arm und dachte mürbe: *So ist es also, Mutter zu sein.*

***

Schon als Simon gerade auf der Welt war, tat er mir manchmal leid, weil er so unschuldig war. Er hatte noch keine Anforderungen an andere, an das Leben. Nur seine dringendsten Bedürfnisse mussten gestillt werden, alles andere hatte von ihm noch keine Bedeutung bekommen. Wir, seine Familie, hatten noch keine Bedeutung. Er aber war auf die Welt gekommen und war sofort Hunderten von Erwartungen ausgesetzt. Ich hätte ihn gerne gefragt, was er von all dem hielt, was über ihn gedacht und gesagt wurde.

„Wenn du irgendwann mit mir sprechen kannst, erzählst du mir, wer du wirklich bist", flüsterte ich in sein winziges, muschelförmiges Ohr und ich wusste, dass er mich verstanden hatte.

***

Der Verlust der Grauzonen in unserer Beziehung fand ungewöhnlich schleichend statt. Zuerst fehlten die kleinen Gesten im Alltag. Keine Botschaften mehr mit Lippenstift auf dem Badezimmerspiegel, keine kleinen Zettel unter dem Kopfkissen, keine Blumen aus Vorgärten. Erst später verschwanden die beiläufigen Berührungen und die Küsse auf den Hals im Vorbeigehen.

Manchmal lag ich abends wach im Bett, den Rücken Alexis zugewandt, und wenn ich wusste, dass er noch wach war, wartete ich auf den Moment, in dem ich seine Hand auf meiner Taille spürte, während ich dabei die gegenüberliegende Wand anstarrte. Meistens spürte ich tatsächlich nach wenigen Sekunden seine Fingerspitzen in kreisenden Bewegungen auf meiner Haut. Aber ich ließ mich nicht von der Zärtlichkeit täuschen, denn ich wusste, dass diese Geste längst nicht mehr die gleiche Bedeutung hatte wie früher. Jede Berührung, jeder Kuss sollte nur noch zu Sex führen, und so tat ich jedes Mal so, als würde ich schlafen. Ich wusste nicht, ob ihn unsere Geschichte vielleicht inzwischen langweilte, aber ich hatte auch keine Lust mehr, danach zu fragen. Und irgendwann war auch mir der Verlust der Grauzonen egal.

Als Simon fast vier Jahre alt war, rutschte mir eines Nachmittags die Hand aus. Es war Anfang April, und nachdem ich Simon vom Kindergarten abgeholt hatte, waren wir auf den Spielplatz gegangen. Beim Café Schneider hatte ich mir einen doppelten Espresso gekauft und drei Würfel Zucker dazugegeben, und nun stand ich auf dem heruntergekommenen Spielplatz, die Schultern bis zu den Ohren hochgezogen, weil ich fror, trank meinen Espresso und rauchte eine Zigarette, während ich Simon dabei zusah, wie er flink und geschickt das Klettergerüst hochkletterte, das mit seinen langen und drahtigen Seilen ein Spinnennetz nachahmte und an dessen Ende eine lange Rutsche befestigt war.

Aus den Augenwinkeln sah ich, wie Erika und Tanja, zwei Mütter, deren Kinder in den gleichen Kindergarten gingen wie Simon, mit den Kindern im Schlepptau den Spielplatz betraten. Zwei sensationslüsterne Frauen sondergleichen, die ihre Neugier hinter gestelzter Anteilnahme zu verstecken versuchten und deren Nasen in allem steckten, was auch nur den Anschein von linkischer Unterhaltung hatte. Nichts im Umkreis ihres Universums, das sich um die Kinder und vor allem um deren Eltern drehte, entging ihrem gierigen Blick, und sollten sie jemals echte Anteilnahme empfunden haben, dann reichte sie nie, wirklich nie aus, um sie davon abzuhalten, alles, was sie aufgeschnappt hatten, mit der nächstbesten Person zu teilen, die ihnen begegnete. Sie erblickten mich von Weitem und winkten, bevor sie auf mich zuhechelten und laut nach mir riefen, als hätte man sie, schwer bepackt mit ihren Rucksäcken und das Sandkastenspielzeug in den Händen, übersehen können. Ich drückte die Zigarette mit der Schuhsohle aus und setzte ein breites Lächeln auf, bevor ich sie überschwänglich begrüßte.

„Ich wusste gar nicht, dass du auch hier sein würdest! Wie schön, dich zu sehen." Erika legte den Kopf schief, als sie das sagte, und berührte freundlich meine Schulter. Hätte sie nicht in der nächsten Sekunde eine große Thermoskanne aus ihrer Tasche gezückt, hätte ich die Freude des Wiedersehens womöglich geteilt, aber so hatte ich schon wieder das Gefühl, als Mutter einfach nur versagt zu haben.

„Kinder-Früchtetee", sagte sie lächelnd.

Mit der nächsten Handbewegung holte sie einen Stapel zusammengesteckter Plastikbecher in verschiedenen Farben aus der Tasche, auf deren Unterseiten mit schwarzem Edding die Namen ihrer Kinder gekritzelt waren.

„Möchtest du auch, Lucille?" Sie hielt mir fragend einen Becher hin.

„Danke, nein."

„Ich habe auch Apfelschnitze im Angebot."

„Wirklich sehr nett", sagte ich und wandte den Kopf ab.

„Sehen wir uns am Wochenende?", fragte Tanja.

Verzweifelt versuchte ich mich daran zu erinnern, welches Event am Wochenende war. Hatte ich einen Kindergeburtstag vergessen? Einen Ausflug mit dem Kindergarten? Oder gar etwas noch Wichtigeres?

„Leider können wir am Wochenende nicht kommen, wir haben da schon wichtige Pläne", sagte ich in dem Versuch, meine Ahnungslosigkeit zu verbergen.

„Tatsächlich? Ihr wollt euch wirklich das Osterbasteln entgehen lassen?"

In Gedanken atmete ich erleichtert aus. Dieses Osterbasteln war das Letzte, womit ich mein Wochenende verbringen wollte.

„Ja, leider."

„Bist du sicher?", fragte Erika erstaunt. „Wir könnten Simon auch mitnehmen, falls es dir oder Alexis zu stressig wird. Tim fährt mit dem Auto, und wir sammeln Annettes Kids auch noch ein. Wir fahren eh mit dem Bus, das heißt, wir können

Simon gerne mitnehmen."

„Das ist wirklich sehr lieb, aber am Wochenende sind wir ehrlich gesagt ganz froh, wenn wir mal zu dritt einen Ausflug machen können und ein bisschen aus der Stadt rauskommen."

„Oh, natürlich."

„Simon freut sich schon sehr darauf", sagte ich mit Nachdruck.

„Ehrlich? Die Kids reden zu Hause nämlich schon seit Wochen über nichts anderes. Ich hoffe, Simon verpasst nichts und fühlt sich nicht ausgegrenzt, wenn am Montag alle Kids darüber reden."

„Er verpasst nichts", entgegnete ich scharf.

Erika hielt die Hände defensiv in die Luft und sagte mit falscher Bescheidenheit: „Es tut mir leid, Lucille, ich wollte dir kein schlechtes Gefühl geben."

Aber ich hatte noch nicht genug. „Hast du nicht." Und nach einer kurzen Pause fügte ich hinzu: „Ich würde jetzt doch gerne einen Kinder-Früchtetee trinken und ein paar Apfelschnitze dazu essen. Gibt es auch ungesalzene Maiswaffeln oder sogar ein zuckerfreies Bio-Rosinenbrötchen?"

„Heute leider nicht", sagte Erika zögerlich und ich sah ihr an, dass sie nicht einschätzen konnte, ob meine Frage ernst oder gehässig gemeint war.

„Ich habe ein paar Kekse dabei", sagte Tanja. Ich sah aus den Augenwinkeln, wie sie eine Tüte Dinkelkekse in Dinosaurierform aus dem Rucksack holte, und ich hätte am liebsten angefangen zu schreien.

„Ist euch bewusst, dass ihr das Muttersein bis hin zur Lächerlichkeit verkörpert?" Und schon hatte ich die Worte ausgesprochen, sie hingen verhängnisvoll in der Luft und es war zu spät, um sie noch zurückzunehmen. Verdutzt starrten die Frauen mich an und ich stellte beschämt fest, dass ich sie wirklich aus der Fassung gebracht hatte. Aber nur für einen Augenblick, denn dann verwandelte sich der verlegene Ausdruck in Erikas Gesicht in erzürnte Angriffslust.

„Ich bin lieber so eine Mutter als eine, die so hochnäsig und beleidigend zu anderen Müttern ist wie du. Was ist es, Lucille? Wieso empfindest du so viel Abneigung gegen Mütter, die sich ernsthaft mit den Interessen ihrer Kinder auseinandersetzen?"

„Das ist doch albern. Nur weil ich meinen Sohn nicht zum Osterbasteln schleppe?"

„Nein, Lucille. Weil Simon jeden Tag als Letzter abgeholt wird, weil du und Alexis die Einzigen seid, die sich immer aus der Affäre ziehen, kein Interesse an anderen Eltern zeigen, weil ihr euch immer auf die anderen verlasst, wenn es darum geht, dass eine Begleitung für einen Ausflug oder eine Fahrt gebraucht wird, als einzige Eltern wirklich nie Kuchen oder Plätzchen zur Teepause mitbringt und die ganze Zeit einfach so verdammt desinteressiert seid. Es tut mir leid, dass ich dir ungefragt meine Meinung sage, aber manchmal tut mir Simon leid, weil seine Mutter so gottverdammt gleichgültig und teilnahmslos ist."

Ich schnappte laut nach Luft. „Schon mal drüber nachgedacht, dass ich, anders als ihr beiden, einen Job habe und nicht anders *kann*, als Simon so spät abzuholen?"

„Ein bisschen mehr Engagement zeigen und gleichzeitig einen Job haben, das schließt sich nicht aus."

„Ich denke, das lässt sich leicht sagen aus der Perspektive einer Frau, deren Mann so wohlhabend und spießig ist und deren einziger Job es ist, Mutter zu sein."

„Annette arbeitet auch Vollzeit und ist alleinerziehend, und sie ist trotzdem nicht so egozentrisch und gehässig wie du", sagte Erika.

„Lucille, du kannst dich immer an uns wenden und wir greifen dir gerne und immer unter die Arme, wenn du es brauchst, aber bitte achte auf deinen Ton. Der ist wirklich nicht angebracht", versuchte Tanja es versöhnlich.

„Danke, aber ich komme gut zurecht. Sollte ich einen mütterlichen Rat in Sachen Selbstverhöhnung und Verleugnung brauchen, weiß ich ja, an wen ich mich wenden muss."

„Unfassbar. Du bist doch nur neidisch auf das Familienglück anderer, weil du mit deinem eigenen Leben so unglücklich bist!"

„Neidisch? Ich würde mein Leben für nichts auf der Welt gegen euer trauriges Schrapnellendasein tauschen wollen!" Ich griff nach meiner Handtasche und wandte mich zum Gehen um.

Simon und die anderen Kinder waren noch immer auf dem Klettergerüst, und Simon hatte es sich gerade auf dem höchsten Pfeiler des riesigen Spinnennetzes bequem gemacht.

„Simon, wir gehen! Komm!", rief ich.

„Ich will noch nicht gehen", sagte er und machte keine Anstalten, sich auch nur einen Zentimeter von seinem Platz wegzubewegen.

„Wir gehen jetzt. Komm bitte runter."

„Nein", sagte er energisch.

„Simon, du kommst jetzt runter."

„Du kannst alleine gehen", sagte er und drehte den Kopf weg. Ich spürte die Blicke von Erika und Tanja im Rücken und ich wusste, dass auch die anderen Kinder spürten, wie angespannt die gesamte Situation war, denn sie schauten ängstlich auf mich herab, und das alles hätte demütigender nicht sein können.

„Simon, komm jetzt bitte sofort runter."

„Nein, Mama." Seine Finger hatten sich entschlossen um die Drahtseile des Netzes gekrallt und er wich meinem Blick aus.

Im nächsten Moment entschied ich mich für die wohl ungeschickteste Strategie, die ich hätte wählen können, und lief bestimmt auf die große Rutsche zu. Zielbewusst griff ich nach dem Geländer und zog meinen Körper ruckartig hoch. Erst beim dritten Anlauf rutschten meine Füße nicht mehr weg und es gelang mir, wenn auch auf sehr mühselige Weise, mich die Rutsche hochzuziehen. Simon starrte mich ungläubig an und auch die anderen Kinder hatten ihre Blicke nicht von mir abgewandt. Als ich es endlich bis zum obersten Ende der Rutsche geschafft hatte, griff ich nach den Seilen und begann zu Simon zu klettern, aber meine Gliedmaßen waren viel zu lang für das kleine Klettergerüst und so verhedderte ich mich ständig in den Seilen. Von unten hatte ich mir meinen Aufstieg einfacher und souveräner vorgestellt, aber nun gab es kein Zurück mehr.

Bei Simon angekommen, griff ich nach seinen Fingern und begann sie einzeln unsanft von den Seilen zu lösen, aber schon beim zweiten Finger ließ er einfach los, so verängstigt war er. Ich griff nach seinem Körper und hievte ihn auf meine Schulter und kletterte zurück zur Rutsche. Dann setzte ich ihn einfach auf meinen Schoß und rutschte entschieden die Rutsche hinunter. Ich möchte nicht wissen, wie lächerlich das Ganze von unten aussah, aber ich ließ dem Gedanken keinen Raum, denn ich wollte einfach nur weg. Unten angekommen, lief ich über den Spielplatz, ohne mich umzublicken, den steifen, völlig verstörten Simon auf dem Arm, und fing an zu weinen, als mein Gesicht nicht mehr zu sehen war.

Als wir vor unserer Haustür ankamen, setzte ich Simon ab, griff nach seinem T-Shirt-Kragen und zog ihn grob zu meinem Gesicht heran. „Wenn ich sage, dass wir gehen, dann möchte ich, dass du auf mich hörst in Zukunft."

„Ich hasse dich", schnaubte er nur wütend zurück.

„Reiß dich verdammt noch mal zusammen."

Plötzlich fing Simon lauthals an zu weinen und gleichzeitig zu schreien, und seine zarte Stimme überschlug sich förmlich.

„Hör sofort auf!", rief ich, aber er schrie nur noch lauter. Seine Hände hatten sich in den Stoff meiner Hose gekrallt und er zerrte unsanft daran. Und da passierte es – ich verlor die Selbstkontrolle, und meine Hand versetzte ihm einen Klaps auf die Wange. Just in diesem Moment schwang die Eingangstür auf und Frau Hoffmann, unsere Nachbarin, starrte mich entgeistert an. Scham machte sich in mir breit und die brennenden Tränen strömten nun umso vehementer meine Wangen hinab. Ich verfluchte diesen ganzen Tag.

„Möchte noch jemand ein Eis vom Café Venezia um die Ecke?", fragte Frau Hoffmann mit einer souveränen Beiläufigkeit in der Stimme, als wäre es das Normalste der Welt. Ich nickte der Nachbarin zu, mit der ich nie mehr als drei Worte gewechselt hatte, und nach ein paar Minuten kehrte sie mit den Eiswaffeln in der Hand zurück. Sie hatte für jeden von uns eine Kugel Zitroneneis mitgebracht, und dann setzten wir uns auf dem Bordstein nieder und schwiegen eine Weile. Als Simon sein Eis aufgegessen hatte, kramte ich die bunten Kreidestifte aus meiner Tasche und er begann die Straße zu bemalen.

„Ich hoffe, ich habe keinen falschen Eindruck erweckt. Das ist das erste Mal, dass mir so was passiert ist", sagte ich vorsichtig.

„Ich würde mir niemals ein vorschnelles Urteil erlauben. Muttersein ist ein Knochenjob. Und ich bin überzeugt, dass diesem Klaps Überforderung und Hilflosigkeit vorausgegangen sind, oder?"

Ich nickte. „Ich schäme mich."

„Es passiert. Es darf aber nicht so stehen bleiben."

„Ja." Ich nickte wieder.

Wir saßen noch eine Weile auf dem Bordstein und schwiegen dabei, und das stille Nebeneinandersitzen verunsicherte mich, aber es ließ auch Ehrfurcht für diese Frau in mir aufkommen.

„Simon, ich habe mich vorhin auf dem Spielplatz wahnsinnig über dich geärgert. Aber dass ich dich deswegen geschlagen habe, war nicht in Ordnung, und es tut mir leid. Ich werde das nicht noch mal machen, okay?"

Er nickte und ich öffnete die Arme und umarmte ihn.

„Worauf hast du am Wochenende mehr Lust? Das Osterbasteln im Kindergarten mit deinen Freunden oder mit Papa und mir in den Stadtwald zu gehen und was zu spielen?"

„Stadtwald."

Ich lächelte still über diesen Triumph.

Der Tag endete damit, dass ich Alexis von allem erzählte, und nachdem ich wieder geweint hatte, strich er mir sanft übers Haar.

„Ich bin dir so dankbar, dass du diesen plumpen Weibern endlich die Meinung gegeigt hast. Wir wissen beide, dass ich es sonst früher oder später getan hätte, und das hätte für alle Beteiligten sehr viel ungemütlicher geendet."

Er hatte den einfachen Weg gewählt und verbündete sich mit mir, indem er über Erika und Tanja herzog, aber in diesem Moment war ich ihm einfach nur unendlich dankbar dafür.

„Weißt du, weswegen ich Spielplätze hasse?", fragte Alexis.

„Nein."

„Weil sie schlimmer als Gefängnisse sind."

„Wieso?"

„Ganz ehrlich, selbst wenn ich mit Chemie im Kopf lahmgelegt in einer Psychiatrie liegen würde oder in einem Regierungsgebäude sitzen würde, umgeben von Panzerglas und Leibwächtern, ich wäre trotzdem nicht so eingeschlossen wie auf einem Spielplatz in dieser Stadt. Wirklich nichts, nichts ist so gesichert und abgeschirmt wie ein von Müttern verteidigter Spielplatz."

Ich lachte und griff nach seiner Hand.

Ich hatte damals viele Identitäten. An manchen Tagen wachte ich auf und ich war Lucille, fünfunddreißig, weiblich, weiß, eine gutmütige Frau und Mutter. Das war die Lucille, die ihre Leidenschaft aus der Kindheit zum Beruf gemacht hatte und Jugendliche im Tanzen unterrichtete. Vormittags im Tanzstudio arbeitend, war sie eine „Powerfrau", wie man so schön sagte, aber darum trotzdem nicht weniger sinnlich oder spirituell, und sie ließ sich inspirieren von den kichernden pubertierenden Mädchen und deren eingeschränkter Selbstkontrolle. Am Nachmittag wurde der eigene Sprössling, mit dem sie in engster Beziehung lebte, Sohn Simon, vier, abgeholt, und der Nachmittag wurde bastelnd, backend oder spielend verbracht, und abends schaute die fürsorgliche, bedürfnislose Mutter mit dem Lebenspartner Alexis, achtunddreißig, politische Talkshows und am Sonntag den *Tatort*.

Materiell weitestgehend sorglos lebend, eine Altbauwohnung im Stadtzentrum bewohnend, mit dem Langzeitpartner an der Seite, das Kind als Zentrum des eigenen Lebens, die eigene Umgebung immer wachsam im Blick und nach eigenem Ermessen eine gerechte Person, durchschritt diese Lucille das Leben voller Nachsicht, immer darauf bedacht, niemandem auf die Füße zu treten, und verfolgte das Lebensziel, diese Welt zu einem besseren Ort zu machen. Nur unterschwellig sickerte die verbissene Wahrnehmung der eigenen Wichtigkeit durch und man merkte: Diese Frau war wieder nur ein klassisches Fallbeispiel von abgehobener Selbstzufriedenheit, obwohl ständig voller falscher Bescheidenheit beteuert wurde, man sei sich der eigenen Privilegien durchaus bewusst.

An anderen Tagen wachte ich auf, und ich war Lucille, fünfunddreißig, Mutter eines Sohns, dessen Vater sich weitestgehend aus der Affäre zog, was die Carearbeit anging, leicht reizbar, jähzornig, ja geradezu hysterisch, hätte das Umfeld gesagt. Überfordert, übermüdet, überdreht. Das Geld reichte zum Wohnen und Leben, aber wann war man eigentlich das letzte Mal im Urlaub gewesen? Und wie erklärte man der Klassenlehrerin, dass man die nächste Klassenfahrt gern in Raten bezahlen würde? Knäckebrot und Kummer zum Frühstück, Groll und Grießbrei zum Abendessen. Opfer einer misogynen Gesellschaft, und die Frauen aus den eigenen Reihen entpuppten sich als die unerbittlichsten Rivalinnen, die einem konstant den Spiegel vorhielten, was das eigene Versagen betraf. Zu unbeteiligt, zu wenig aufopfernd, zu apathisch.

An wieder anderen Tagen war ich Lucille, fünfunddreißig, gefühlt 176 Jahre alt, wieder einmal heimgesucht von Selbsthass, Stillstand, Schwermut, unfähig, das Leben in sich zu spüren, und sich absolut im Klaren darüber, dass dies der größte Verlust im Dasein eines Menschen ist. Das eigene Glück scheinbar so fragil und unbeständig wie das Wetter im April. Jeder Tag ein weiterer, der endete, bevor er wirklich angefangen hatte.

Manchmal war ich aber auch die Lucille, fünfunddreißig, die an einer unheilbaren Hybris litt. Die, der die gottlosen Gedanken nicht reichten und die auch die dazugehörende sündige Handlung wollte. Vergesst alle anderen Lucilles. Den Blick alter, lüsterner Männer im Rücken spürend, wanderte diese Lucille durch tiefschwarze Straßen, kehrte ein in finsteren Bars, redete dort mit Menschen, kokettierend und posierend wie ein junges Püppchen. Es war nicht von Bedeutung, ob sie damit jemanden täuschen konnte, die Frage war, wie sehr sie sich selbst damit täuschte. Auch hier Opfer einer misogynen Gesellschaft, und man konnte sich nicht sicher sein, wer mehr zu bemitleiden war – die ahnungslosen Männer, die vollkommen von ihrer Gier geleitet agierten, oder sie selbst, einer Welt zugehörig, in der Jugendlichkeit noch immer zu den höchsten Währungen einer Frau gehörte.

Es gab auch Lucille, fünfunddreißig, die sich nach Orten sehnte, an denen man die Verrohung der Sitten nicht sehen konnte, wo das Leben noch ruhig und entspannt war. Wo man kein Brummen vorbeifahrender Autos hörte, wo der Lärm der Stadt abgeebbt war und man stattdessen lang vergessene Naturgeräusche wahrnehmen konnte. Erst dann konnte sie wieder die Poesie sehen, die in der einfachen Handlung steckte, am Leben zu sein.

Rückblickend weiß ich nur eins: Man kann sich selbst nicht sehen, wenn das wahre Ich so hinter Heimlichtuerei und Schein verborgen ist, und mehr noch, ich weiß nun, dass diese vielen Identitäten nicht nur von einer Gesellschaft kreiert worden waren, die alles kategorisieren und einordnen wollte, sondern auch von mir selbst, um die eigene Angst hinter einer falschen Fassade verbergen zu können. Mir fehlte schlichtweg die Erkenntnis, dass all das Lügen die Last auf meinen eigenen Schultern letztendlich am unerträglichsten machte. Aber alles, was ich damals mit meinen fünfunddreißig Jahren vom Leben wusste, beinhaltete nicht das simple Konzept, dass mir allein Ehrlichkeit und Wahrheit die Integrität geben konnten, die mir so sehr fehlte, und dass sie mich von der emotionalen Last, die mit dem Aufrechterhalten von Lügen einherging, befreit hätten. Viel zu groß war das Bedürfnis, Alexis und den anderen Menschen in meinem Leben genug Fläche zu geben, damit sie die Bilder, die sie sich von mir gemacht hatten, immer weiter und unaufhörlich auf mich projizieren konnten.

Wir alle stellen uns gelegentlich die Fragen nach der eigenen Identität. „Wer bin ich?", fragen wir uns selbst. Und ich lade jeden und jede dazu ein, sich diese Frage in regelmäßigen Abständen zu stellen. Allerdings beantworten die Aussagen, die man dann erhält, leider nie die Frage. In meiner Erzählung war ich Frau, Mutter, Partnerin, Tänzerin, Lügnerin, Depressive, Kreative, Opfer, mental Labile, Träumerin, Privilegierte, Hochstaplerin, Verrückte. Egal, was ich damals über mich erzählt hätte, es hätte nicht ausgereicht für die Beantwortung der Frage, weil alles daran Fiktion war. Und ich wusste, dass es etwas geben musste, eine Art Wahrheit oder eine Essenz von mir, die auch ohne diese Fiktion existierte.

Ich hielt manchmal kurz inne und horchte in mich hinein – was fühlte sich falsch, was richtig an von den Erzählungen, die ich über mich machte? Egal wie tief ich ging, zurück blieb immer etwas, das nicht ganz frei von Fiktion war, und die Frage zu meiner Identität ließ sich nie beantworten, ohne die Identität einer anderen Person zu ignorieren. Ich war Frau, weil es andere Geschlechter gab, ich war depressiv, weil es tatsächlich muntere Menschen geben sollte, und ich war verrückt, weil es da draußen Menschen gab, die unverschämt unauffällig und beständig vor sich hinvegetierten. Zu jeder Aussage, die ich über mich traf, gab es einen Gegenpol, aber wer wäre ich gewesen, wenn es die Identitäten der *anderen* nicht gegeben hätte? Damals lebte ich so entfremdet von einem tieferen Bewusstsein in mir, dass ich das Wesen oder den Kern meiner selbst gar nicht spüren konnte.

KAPITEL ACHT

ALEXIS (2015)

Ich wurde von Lucilles lautem Schluchzen geweckt. Sie saß kerzengerade im Bett und starrte mit hasserfülltem Blick auf mich herunter. Sie hatte die Augen zusammengekniffen, und in ihrem Gesicht spiegelte sich vorwurfsvoller Zorn.

„Wie lange bist du schon wach?"

„Lang."

Ich griff nach ihr und tätschelte ihr unbeholfen den Arm, aber kurz nachdem ich sie berührt hatte, entzog sie mir den Arm ruckartig, als hätte sie sich verbrannt.

„Lucille ..." Ich seufzte. „Was ist los?"

Ohne auf meine Frage zu reagieren, sprang sie aus dem Bett und stolperte über den Teppichboden zum Schrank. Wutentbrannt riss sie die Schranktür auf, begann den Inhalt des unteren Fachs aus den Ecken zu zerren und schleuderte ihn mit der Energie eines wild gewordenen Stiers im ganzen Zimmer umher. Als nichts mehr herauszuholen war, griff sie nach dem Reisekoffer, der ganz hinten stand, und zerrte ihn heraus. Ich beobachtete sie still und wie in Trance. Was sich vor mir abspielte, nahm ich nicht richtig wahr, sondern glaubte zu träumen. Meine Kehle war trocken und ich brachte es nicht über mich, mich zu räuspern oder sie zurückzuhalten. Ich fragte sie nicht einmal nach ihrem Vorhaben. Ich rührte mich nicht.

Noch Jahre später frage ich mich manchmal, wieso ich nicht versucht habe, sie aufzuhalten. Manchmal glaube ich, dass ich diesen Tag tief im Inneren lange herbeigesehnt hatte. Dass ich irgendwie doch schon auf dieses Ereignis, diese Erlösung hingefiebert hatte. Jedenfalls überraschte mich nicht, was sie tat, und selbst als sie den Koffer schon bis zum Rand mit Dingen gefüllt hatte, rührte ich mich nicht. Scheinbar wahllos hatte sie Dinge aus dem Schrank gezerrt und in den Koffer gestopft. Ohne irgendeinen Plan zu verfolgen, hatte sie sich genommen, was ihre Hände zuerst zu fassen bekommen hatten. Geschirrtücher, Sportschuhe, Kleider, Pullover, T-Shirts, Hosen, Nachthemden, Unterhosen, Hosenträger von mir, Duftkerzen, ihre Tanzkleider, einen Erziehungsratgeber, einen Wintermantel, Bilderrahmen, Wasserfarben, Duftöle, einige Schallplatten und zuletzt einen kleinen Handfeger.

Als sie entschieden hatte, dass sie alles Notwendige beisammenhatte, wurde sie plötzlich ruhiger. Sie drehte sich zu mir um und starrte mich mit schmerzverzerrtem Gesicht an. „Alexis, es ist das Beste, wenn ich jetzt gehe." Sie schloss kurz die Augen und schien sich vorzubereiten auf den nächsten Satz. „Es tut mir leid, aber ich schaffe es einfach nicht mehr, hier mit dir zu bleiben." Dann, nach kurzem Zögern: „So krampfhaft miteinander zu sein, macht uns nur trauriger jeden Tag."

Ich sagte immer noch nichts. Es gab nichts mehr zu sagen. Und so nickte ich nur zustimmend, während sie genauso plötzlich und ohne Vorwarnung, wie sie damals in mein Leben getreten war, dieses Leben wieder verließ.

***

Es war der erste Abend, den ich allein in der Wohnung verbrachte, und ich traute der neuen Ruhe noch nicht. Ständig ertappte ich mich selbst dabei, wie ich auf das Geräusch eines klappernden Schlüsselbundes wartete, auf Lucilles Schlurfen im Treppenhaus oder darauf, nachts von ihrem Gang in die Küche geweckt zu werden. Aber es war ruhig, und weil ich diese Anspannung nicht mehr ertragen konnte, öffnete ich mir ein Bier aus dem Kühlschrank und legte eine CD in den Player. Obwohl ich nicht darüber nachdenken wollte, kehrten meine Gedanken andauernd zurück zu Lucille und ihrer merkwürdigen Art, mich zu verlassen. Nun, da sie abgehauen war, schämte ich mich, weil ich feststellen musste, dass ich mich lange danach gesehnt hatte.

Nachdem ich das Bier ausgetrunken hatte, öffnete ich eine Flasche Rotwein und durchsuchte alle Schubladen des Wohnzimmerschranks, bis ich ein halb leeres Zigarettenpäckchen fand. Zufrieden lehnte ich mich auf der Couch zurück und schloss die Augen, während ich genüsslich meine Zigarette rauchte. Ich trank den Alkohol in großen und hastigen Schlucken. Er wärmte meine Kehle und ich wurde mit jedem Schluck entspannter. Ich war allein!

Der Zustand, in dem ich mich befand, war sehr fragil, das wusste ich. Ein Anruf, ein falscher Song, nur ein einziger schuldzuweisender Gedanke würde mich völlig aus der Bahn werfen. Das Spiel mit der Euphorie und der Unbeschwertheit war auch ein Spiel mit dem Feuer, es konnte genauso schnell wieder erlöschen, wie es entfacht worden war, und deswegen trank ich den Alkohol nun in immer größeren Schlucken, bis meine Halswände davon brannten.

Ich stand auf und begann mich langsam zu dem Song zu bewegen, der gerade lief und den ich nicht kannte. Die Flasche hielt ich in der einen Hand, mit der anderen Hand versuchte ich lässig im Takt zu wippen. Lucille hatte sich häufig über mich lustig gemacht, wenn ich versucht hatte zu tanzen.

Sosehr ich es auch versucht hatte, ich war wie ein Gefangener in meiner eigenen Haut gewesen. Mir fiel auf, dass ich schon wieder an sie gedacht hatte. *Geh raus aus meinem Kopf, verdammt!* Hastig trank ich noch ein paar Schlucke. Nun schloss ich die Augen und ließ mich von der Musik führen. Ich dachte nicht über einzelne Bewegungen oder eine Schrittfolge nach, sondern ließ mich treiben. Ich war entzückt über die Leichtigkeit, mit der ich mich bewegte. Meine Bewegungen waren mühelos, und trotzig dachte ich an Lucilles höhnisches Lachen.

Tänzelnd lief ich in die Küche und erlaubte mir, die zweite Flasche Wein zu öffnen. Wieder trank ich vom warmen, süßlichen Alkohol, denn ich wusste, wie wichtig es war, schnellstmöglich den kritischen Punkt zu überschreiten, an dem ich noch aus dem Gleichgewicht zu bringen war. Leichtes Beschwipstsein konnte tragisch enden, wenn man nicht den Schritt zur endgültigen Gleichgültigkeit geschafft hatte. Aber heute sollte mir alles gleichgültig sein! Jeder Gedanke an Lucille musste unmittelbar aus meinem Kopf vertrieben werden. Innerhalb der nächsten halben Stunde trank ich die zweite Flasche, und zum Rauchen ging ich nun auf den Balkon. Die Lichter der Stadt leuchteten mir entgegen und sie schienen zu sagen: *Willst du nicht ein bisschen tanzen? Endlich mal wieder ein bisschen Spaß haben? Nur ein klitzekleines bisschen?*

Achtlos warf ich die brennende Zigarette vom Balkon hinunter und eilte ins Zimmer zurück. Wie jemand ohne Sinn und Verstand rannte ich durchs Zimmer und schrie und lachte laut dabei. Ich schnappte mir die Flasche und kurz flammte wieder Lucilles vorwurfsvolles Gesicht vor meinem inneren Auge auf.

„Du bist eine dumme Bitch, Lucille!", rief ich und lachte, weil mich niemand hören konnte. Und dann lauter: „Verpiss dich aus meinem Leben!"

Dann warf ich mir meine Jacke über und verschwand in die Nacht, die Flasche in der Hand.

***

Am nächsten Morgen wachte ich auf und wusste beschämenderweise nicht, wo ich war. Ich schaute mich in dem dunklen Zimmer um, in dem ich lag, und stellte fest, dass es nicht meins war. Mein Kopf drohte zu explodieren, so sehr schmerzte er, und als ich mich mühsam im Bett umdrehte, starrte ich geradewegs in das Gesicht einer Frau, die in etwa halb so alt sein musste wie ich. Plötzlich überfiel mich eine unsägliche Panik und ich spürte, wie sich alles in mir zusammenzog. Hastig warf ich die Bettdecke zurück und wollte aufspringen, aber alles um mich herum hatte sich zu drehen begonnen und so plumpste ich geradewegs wieder zurück aufs Bett. Mir war speiübel, und bevor ich wusste, wie mir geschah, übergab ich mich keuchend auf meinen Schoß.

„Was zur Hölle ist los mit dir?", fuhr mich die Frau neben mir an, sie war wach geworden von meinem Fluchtversuch.

Ich öffnete den Mund, um etwas zu erwidern, aber ich brachte kein Wort heraus.

„Wow, das ist wirklich abartig. Ich habe schon viel erlebt, aber das ist ja wirklich unglaublich."

Ich drehte mich zu ihr um, sah in ihr weiches, kindliches Gesicht, und eine Mischung aus Scham und Entsetzen überkam mich. Was tat ich hier? Wer war sie?

„Hab ich, hab ich ...", fing ich an und wusste nicht mehr, was ich sagen wollte. Alles um mich herum drehte sich wieder und ich musste den Kopf in die Hände legen.

„Was?", fragte sie. „Was ist los mit dir?"

„Hab ich dich angerufen?", krächzte ich.

„Was zur Hölle laberst du da?"

„Ich meine, ob ich dich angerufen und hierfür bezahlt hab." Ich schloss die Augen.

„Bist du komplett bescheuert? Bezahlt?" Ich hörte sie scharf einatmen. „Was denkst du denn, wer ich bin?"

„Es tut mir wirklich leid. Ich erinnere mich nicht mehr daran, wie wir hier gelandet sind." Ich versuchte sie zu besänftigen. Noch immer konnte ich die Augen nicht öffnen, denn die Angst vor einem erneuten Schwindelanfall war zu groß. „Woher kennen wir uns? Kannst du mir bitte auf die Sprünge helfen?"

„Wir kennen uns eigentlich nicht, verdammt", raunte sie. „Du hast dich die ganze Nacht an mich und meine Freundinnen rangemacht. Kamst allein in diesem Club an und hast ständig mit uns getanzt, geflirtet und uns Drinks ausgegeben. Ich fand dich irgendwie süß mit deiner dämlichen und tollpatschigen Art, und weil ich nichts Besseres vorhatte, hab ich dich mitgenommen, nachdem du hundert Mal gebettelt hast wie ein kleiner Welpe. Das bereue ich allerdings gewaltig."

„Oh Gott", murmelte ich und öffnete die Augen, aber wieder wurde mir sofort schwarz vor Augen und ich übergab mich wieder.

„Hau ab, bevor du mir noch das ganze Bett vollkotzt." Sie sah mich angeekelt an. „Du hast schon die ganze Nacht so einen Müll gebrabbelt. Hast die ganze Zeit gesagt, dein Pappmaul sei wichtiger als die Welt und so einen Müll. Du kannst echt froh sein, dass ich dich nicht schon früher rausgeworfen hab. Also verschwinde."

Irgendwie fand ich die Kraft, mich hochzustemmen und nach meinen Klamotten zu greifen. Ich zog mir das T-Shirt über, das ich auf dem Boden fand, und fasste nach der Unterhose, die am Bettende lag. Ich zog sie an, streifte sie einfach über meine Beine, an denen mein Erbrochenes hinuntertropfte, und versuchte erst gar nicht, es wegzuwischen. Ich stolperte ein paar Schritte vorwärts und musste mich mit einer Hand an der Zimmerwand abstützen, um nicht hinzufallen. Im letzten Moment griff ich noch nach meiner Hose, fand aber nicht die Kraft dafür, nach meinen Schuhen zu suchen.

„Elendiger!", rief sie mir hinterher, bevor ich zur Tür ihres kleinen Apartments hinausstolperte. Ich weiß nicht, wie ich den Weg aus dem riesigen Plattenbau heraus fand, denn alle Etagen, alle Türen sahen exakt gleich aus, aber irgendwie fand ich nach draußen. Mit nackten Füßen und der Hose in der Hand machte ich einen Schritt nach dem anderen. Plötzlich überfiel mich wieder Panik, denn ich hatte keine Ahnung, in welchem Stadtteil ich gerade war und wie lang ich nach Hause brauchen würde. Mit der rechten Hand tastete ich meine Jeans ab und stellte fest, dass ich mein Portemonnaie und meinen Schlüsselbund nicht bei mir hatte. Ich hatte nichts mehr.

Vor dem grauen Wohnkomplex war ein kleiner Grünstreifen, und mit letzter Mühe schaffte ich es, zu einer kleinen Bank zu laufen und mich hinzulegen. Wieder fing alles um mich herum an, sich zu drehen. Erneut übergab ich mich, und dann schloss ich die Augen und schlief ein. Mein Leben hatte soeben einen neuen Tiefpunkt erreicht.

***

Es gelang mir, mit der Straßenbahn zurück nach Hause zu fahren, und wenig später fand ich mich vor der Haustür wieder und zögerte einen Moment, bis ich den Klingelknopf zu Frau Hoffmanns Wohnung drückte. Nach ein paar Sekunden ertönte ein Summen und die Eingangstür sprang auf. Während ich die Stufen zu ihrem Apartment erklomm, das ein Stockwerk über unserer Wohnung lag, stellte ich fest, dass ich Frau Hoffmann seit Wochen nicht mehr gesehen hatte und wir im Allgemeinen noch nie wirklich mehr als drei Worte miteinander gewechselt hatten. Als ich vor ihrer Tür stehen blieb, sah ich die Umrisse ihres Gesichts, das hinter der nur zur Hälfte geöffneten Tür hervorlugte, und ihre wässrigen blauen Augen, die mich misstrauisch musterten. Es dauerte einen Augenblick, bis sie mich erkannte und die Tür weiter öffnete.

„Hallo, Herr Krämer." In ihrer Stimme schwang eine Frage mit.

„Hallo, Frau Hoffmann."

Mit einer Handbewegung bedeutete sie mir einzutreten. Lucille hatte immer wieder fasziniert festgestellt, dass Frau Hoffmann selbst zu den ungewöhnlichsten Uhrzeiten hervorragend gekleidet und zurechtgemacht war. Und sie hatte recht, Frau Hoffmann trug auch heute einen zartblauen Wollcardigan über einer weißen Spitzenbluse und hatte sich das Haar mit zwei perlmuttfarbenen Spangen hochgesteckt. An ihren Ohren glitzerten Perlenohrringe, und ich stellte fest, dass sie sowohl an ihrem Handgelenk als auch an den knöchrigen Fingern Schmuck im gleichen Stil trug. Eine Frau, deren Eitelkeit und Hang zum Detail eher liebenswürdig als unangenehm wirkten.

„Sie sehen etwas zerstreut aus, Herr Krämer, wenn Sie mir diese Offenheit verzeihen." Ihre Worte klangen nicht mitleidig, sondern eher ehrlich neugierig.

„Ja, das kann man wohl so sagen", murmelte ich.

„Kann ich Ihnen irgendwie helfen?"

„Eine Dusche wäre toll."

Sie nickte, und ohne mit der Wimper zu zucken, legte sie mir ein Handtuch und frische Kleidung sowie ein Stück Kernseife bereit und zog sich höflich in die Küche zurück. Als ich nach der warmen Dusche in die zu großen Klamotten schlüpfte, von denen ich vermutete, dass sie einst ihrem mittlerweile verstorbenen

Ehemann gehört hatten, stellte ich fest, wie albern diese ganze Situation gerade war. Ich setzte mich zu Frau Hoffmann an den Küchentisch und sie schenkte mir eine Tasse heißen Tee ein.

„Sie unerschrockener Abenteurer, Herr Krämer." Sie lächelte mir zu und das Ausbleiben jeglichen Vorwurfs in ihrer Stimme lud mich dazu ein, die Maske fallen zu lassen und ihr von meiner letzten Woche zu erzählen.

„Nach einem Abenteuer haben sich die letzten Tage ehrlich gesagt nicht angefühlt, eher nach einem völligen Verlust sämtlicher noch vorhandenen Würde."

„Auch diese Art von Erlebnis kann unter Umständen und je nach Auslegung abenteuerlich sein."

„Am Donnerstag hat Lucille mich verlassen und ist ausgezogen, wohin, weiß ich ehrlich gesagt nicht genau."

„Verzeihen Sie mir meine Wortwahl, das gehört tatsächlich nicht unbedingt in die Kategorie Abenteuer, die ein Mensch gerne erlebt."

„Kein Problem."

„Lucille ...", murmelte sie und schien ehrlich betroffen zu sein. „Eine liebenswerte Frau, wenn auch verständlicherweise sehr, sehr betrübt in letzter Zeit, nach meinem Empfinden."

„Ja, finden Sie? Ich habe mich immer gefragt, wie viel man davon von außen mitbekommen hat."

„Oh doch, durchaus einiges." Und nachdem sie einen Schluck von ihrem Tee genommen hatte: „Sie hatte nach Ihrem Einzug diese ansteckende Leichtigkeit und Unbekümmertheit einer jungen Frau, aber in letzter Zeit, was natürlich den ganzen Umständen geschuldet ist", sie machte eine deutliche Handbewegung in meine Richtung, „ist davon recht wenig übriggeblieben. Sie ist sehr in sich gekehrt in letzter Zeit, nicht wahr?"

„Ja, um ehrlich zu sein, wusste ich seit einiger Zeit nicht mehr, wen ich vor mir hatte, wenn ich mit ihr sprach."

„Ja, das kenne ich noch von meinem Edgar. Sein Schweigen zog mich zu ihm hin, aber dann war da immer diese Tiefsee hinter seinen Augen."

Wir sprachen noch eine Weile über Lucille, über ihren Edgar, dessen Tod einen tiefen Riss hinterlassen hatte, und ich vergaß die Zeit. In den Stunden, die ich bei Frau Hoffmann verbrachte, erzählte sie mir von den Reisen nach Südamerika, die sie und Edgar gemacht hatten, von dem Vorhaben, sich irgendwann hier niederzulassen, und wie diese Entscheidung einen Funken in Edgar hatte erlöschen lassen.

„Vorher haben wir jeweils sehr weiträumig gemacht, was uns gefallen hat, und uns nicht eingeschränkt in unseren jeweiligen Träumen und Vorstellungen vom Leben. Aber dann, als wir hier einzogen, wurde alles anders. Irgendwann hat er mich verantwortlich gemacht für diese Sesshaftigkeit, aus der er nicht auszubrechen wusste, obwohl er es damals gewesen war, der diesen Vorschlag zuerst in den Raum geworfen hatte. Und das hat er mir, trotz seiner Liebe zu mir, einfach nie verzeihen können. Seine Launen waren so wechselhaft wie das Wetter, und wir Ehefrauen haben doch früh beigebracht bekommen, dass es immer sonnig sein soll." Sie zwinkerte mir zu.

Später suchte Frau Hoffmann die Nummer der Hausverwaltung für mich und lächelte mir nach kurzer Zeit schulterzuckend zu. „In den Weiten meiner Gemächer verlege ich manchmal Dinge."

Ich lächelte höflich zurück.

Als sie die Nummer gefunden hatte, ließ sie mich mit ihrem Telefon anrufen. Nachdem ich die Wohnung verlassen hatte, gab ich mir selbst das Versprechen, mich in den kommenden Tagen mit einer Flasche Wein bei ihr für ihre Hilfe zu bedanken. Unser Gespräch blieb mir den Abend über noch im Kopf hängen und ich stellte beschämt fest, dass ich Frau Hoffmann in den ganzen letzten Jahren völlig falsch eingeschätzt hatte. Frau Hoffmann war ein Genie des Scharfsinns. Ein verdammtes Genie.

***

Einige Tage danach, am Montagnachmittag, hatte ich wieder Therapie. Nachdem ich in die Praxis gekommen war, schauten Frau Selmi und ich uns eine Weile an, bis ich den Blick abwenden musste. Für gewöhnlich starrte sie mich zu Anfang der Stunde einfach nur durchdringend an, bis ich die Stille nicht mehr aushielt und irgendetwas sagte, um sie zu durchbrechen.

„Ein komisches Wetter draußen."

„Durchaus. Sehr unbeständig, nicht wahr?"

Meinte sie meine mentale Verfassung?

„Ja ... ja." Ich nickte, und dann: „Es ist einfach sehr schwierig gerade."

Nicken.

„Ich habe das Gefühl, auf der Stelle zu laufen." Ich schaute zur Decke.

„Auf der Stelle?"

„Ja." Ich zögerte kurz. „Ich meine, es ist jetzt wirklich viel Zeit vergangen, aber ich kriege die Gedanken einfach nicht weg."

„Welche Gedanken haben Sie?"

„Immer die gleichen."

„Mhm."

„Ja."

„Die immer gleichen Gedanken verfolgen Sie und sie fühlen sich sehr lästig an."

„Mhm."

„Es ist schwierig, darüber zu sprechen," sagte sie.

„Ich weiß nicht, worüber ich sprechen soll."

„Ist es möglich, dass das auch etwas mit der vorhergehenden Stunde zu tun hat?"

„Mhm, ja, vielleicht."

Wieder nickte sie und wartete darauf, dass ich weiterredete.

„Ich habe viel über die letzte Stunde nachgedacht und ich weiß nicht ... Ich hatte an all das noch nicht so richtig gedacht, bis Sie mich darauf gebracht haben. Ich habe einfach so eine Unruhe in mir irgendwie."

„So eine Unruhe, sagen Sie."

„Ja, es fühlt sich einfach falsch an, das zu denken. Die Rolle, die ich in dem Ganzen spiele, fühlt sich falsch an, aber ich kann sie nicht ablegen, weil ich sie auch verdient habe."

„Das tut weh und Sie schämen sich dafür. Das alles sagen zu müssen."

„Ja. Und gleichzeitig wird ein Teil von mir sehr wütend irgendwie. Ich weiß nicht."

„Wütend auf etwas Bestimmtes?"

„Ja schon." Meine Hände waren mittlerweile sehr feucht geworden und ich rieb mit den Handinnenseiten an meiner Hose auf und ab. „Weil ich manchmal denke, dass das, was Lucille gesagt hat, einfach nicht fair ist."

„Was hat Lucille gesagt?"

„Sie hat letztens, vor der Trennung, gesagt, sie hätte das Gefühl, dass ein perfides Wesen ihren Lebensweg gestrickt hat und niemand auf der Welt jemals ihren Schmerz verstehen kann."

„Mögen Sie da genauer hinschauen und sagen, wie es Ihnen geht, wenn Lucille so was sagt?"

„Ich denke, ach, ich weiß nicht. Vielleicht stimmt auch etwas mit mir nicht und ich habe kein Recht darauf, so zu denken, wie ich es tue. Vielleicht habe ich unrecht."

„Das ist vollkommen egal. Mir kommt es darauf an, ob Sie das so spüren: dass es unfair ist, wenn Lucille das sagt. Wenn ja, dann ist es so. Sie können Ihrer Wahrnehmung da vertrauen."

„Ich mag es nicht, wenn sie solche Sachen sagt, weil es irgendwie an mich gerichtet ist."

„Es ist eine indirekte Schuldzuweisung. Und es gibt keinen Platz für Sie in Lucilles Sicht auf die Dinge. Sie fühlen sich von ihr vergessen."

„Ja, und das ist schwer zu verkraften."

„Deshalb verstecken Sie Ihre Emotionen lieber, denn es fühlt sich an, als seien sie nicht berechtigt", antwortete sie.

„Deshalb verstecke ich alles vor ihr, was ich denke und fühle", erwiderte ich.

„Deshalb wollen Sie vor Lucille nicht zugeben, dass Sie genauso sehr leiden wie sie", sagte sie.

„Ja, das würde ich nicht, denn sie würde mich beschuldigen. Sie würde mich wieder mit diesem Blick anschauen, der sagt: *Du bist sündhaft, du bist schuldhaft und du darfst dich nicht so fühlen.* Ich weiß nicht, ob das Sinn macht oder ich komplett spinne."

„Nein, reden Sie ruhig weiter. Ich weiß, wie schwer es ist, das auszusprechen."

„Ich denke einfach, dass es egoistisch ist von ihr. Irgendwie ..."

„Ja, trauen Sie sich ruhig!"

„Ich würde mir einfach wünschen, dass sie sieht, dass ich nicht nur mit der gleichen Angst und Trauer und allem lebe wie sie, sondern noch dazu so viel, so viel ..."

Sie sah mich mitfühlend an.

„Es kostet Sie sehr viel Überwindung, das zu sagen, aber ich finde es sehr gut, dass Sie gerade darüber sprechen."

„Ich fühle mich so schuldig." Ich spuckte die Worte förmlich aus.

„Schuldig. Und das muss sich unerträglich anfühlen", sagte sie.

„Ja, dieses Gefühl ist nicht zu ertragen. Ich allein bin der Schuldige in dieser Situation. Ohne mich wären wir nicht hier gelandet. Und dieses Gefühl zieht sich durch mein ganzes Leben. Und gerade spüre ich einfach nur diese unsagbare Leere in mir."

„Wie ist dieses Gefühl?"

„Es fühlt sich an, als wäre niemand da. Als wäre kein Mensch erreichbar und als würde ich mich alleine in dieser Sphäre aufhalten, in der ich komplett abgeschieden bin, von allem anderen. Es ist eigentlich keine richtige Reaktion da, es ist eher ein Hinnehmen von Tatsachen. Ein ganz tiefes Gefühl von Alleinsein und auch diese unglaubliche Schwere, die mich nach unten drückt. Und wegen diesem Gefühl bin ich früher auch vor allem weggerannt, weil ich immer diese Schuld in mir gespürt habe, irgendwie. Genau das gleiche Gefühl habe ich wieder."

„Deswegen haben Sie auch am Anfang der Stunde gesagt, dass Sie sich fühlen, als würden Sie auf der Stelle laufen."

„Ja."

„Aber heute können Sie es deutlich sehen, das Gefühl. Früher hatte es keinen Namen."

„Ich weiß nicht, ob das hilft."

„Weil die Ohnmacht und Hilflosigkeit die gleiche ist?"

„Ja."

„Das stimmt. Aber heute können Sie darüber sprechen."

„Ich erinnere mich an die Zeit zwischendrin, als es mir irgendwie gut ging. Ich hatte da ein anderes Gefühl zu mir und hab gedacht, dass ich endlich irgendwie eine Berechtigung hätte, und – ach, ich weiß nicht."

„Ihr Dasein hatte einen Sinn gefunden", beendete sie den Satz.

„Genau. Und jetzt, wo dieses Fundament eingestürzt ist, weil es passiert ist, da habe ich eher das Gefühl, dass ich nie mehr dieser Mensch sein kann. Und ich habe auch das Gefühl, dass alles, was ich mir aufgebaut habe, einfach zusammengeklappt ist. Wie so ein Kartenhaus in sich zusammengefallen. Ich werde nicht wieder dahin kommen, wo ich mal war."

„Das stimmt, Sie werden nicht mehr die gleiche Person sein."

„Ja."

„Darf ich Ihnen sagen, was ich denke?"

„Natürlich."

„So wie Sie es in den letzten Wochen geschildert haben, ist es das erste Mal, dass Sie über diese Schuld sprechen können, die Sie seit langer Zeit begleitet. Für eine sehr lange Zeit hatten Sie diesen Zugang zu sich selbst und Ihren Emotionen gar nicht. Und ja, nach allem, was passiert ist, werden Sie nie wieder die gleiche Person sein, die Sie mal waren. Aber ich denke, dass das Ziel gerade auch nicht ist, wieder die gleiche Person zu sein. Das Ziel ist eher, mit allem, was passiert ist, Ihren Weg zu finden. Und ich denke, dass das auch ein positiver Prozess sein kann, in der Hinsicht, dass Sie resilienter werden und schon geworden sind. Und wenn wir auf Ihren Prozess schauen, dann stehen Sie diese Extremsituation gerade ganz anders durch, als Sie es früher getan hätten. Ja, Sie sind bereit dazu, Verantwortung zu übernehmen für das, was passiert ist. Aber Sie erkennen auch, dass dieses Schuldgefühl, das Ihnen aufgebürdet wird, nicht richtig ist, dass es unfair ist. Und diese Erkenntnis ist ein ganz großer und wichtiger Teil im gesamten Prozess."

***

Es dauerte zwei Wochen mit drei gemeinsamen Abendessen, bis mir Frau Hoffmann das Du anbot und sagte: „Mein Vorname ist Marianne, aber nennen Sie mich ruhig Marie."

Marie war achtundsiebzig Jahre alt, sie wohnte seit fast fünfzig Jahren in der Pflügerstraße, und sie sammelte so ehrgeizig chinesisches Porzellan, das man meinen konnte, sie hätte vor, damit noch ein ganzes Antiquitätengeschäft zu füllen. Außerdem liebte sie es, Kniffel zu spielen, und trank den ganzen Tag schwarzen Tee, vorzugsweise entkoffeiniert. Sie hasste es, wenn Menschen beim Spielen schummelten, hatte eine starke, zuweilen ungerechtfertigte Abneigung gegen Menschen aus ihrer eigenen Generation und schaute jeden Abend die Kindernachrichten des Fernsehsenders *KiKA*. „Andere Nachrichtensendungen sind mir mittlerweile zu brutal, ich halte das Elend nicht mehr so gut aus."

An der liebevollen Art, wie sie mich aufpäppelte, und anhand ihrer Erzählungen von Edgar stellte ich manchmal fasziniert fest, dass es allein das Verdienst von Frauen wie Marie war, dass die Welt gerade so noch zusammengehalten wurde und Männer wie ich davor bewahrt wurden, gänzlich aus dem Leben katapultiert zu werden.

Jeden Mittwochnachmittag kam ich zu ihr und wir tranken Tee, während wir kniffelten. Manchmal kochte sie etwas und ich schaute ihr dann vom Balkon aus zu, während ich Zigaretten rauchte. Ich mochte es, sie aus diesem Winkel unbemerkt zu beobachten, weil ich manchmal feststellte, dass sie sich so aufs Rühren oder Gemüseschneiden fokussiert hatte, dass sie für einen Moment vergessen hatte, dass ich auch da war. Sie so ungefiltert in ihrem Tun zu beobachten, beruhigte mich auf die allersimpelste Weise. Und wenn ihr Blick dann meine Anwesenheit registrierte, strahlte sie über beide Wangen und ich nickte ihr durch die angelehnte Balkontür zu.

„Wäre es nicht lustig, wenn wir unsere Kniffel-Runde erweitern würden?", fragte sie mich eines Nachmittags, nachdem ich bereits zwei Portionen Spätzle verdrückt hatte.

Ich sah sie ungläubig an. „Woran hast du gedacht?"

„Ich denke manchmal, dass ich deine Spielstrategie längst

durchschaut habe", sagte sie, als würde es sich bei Kniffel nicht um ein Glücksspiel, sondern um ein Spiel handeln, bei dem einem eine ernsthafte Strategie oder Übung wirklich zum Sieg verhelfen konnten.

„Das Spielen mit mir langweilt dich also."

„Nein, natürlich nicht", sagte sie, wusste dann aber auch nicht mehr zu erwidern. „Trotzdem hatte ich einen kleinen Einfall vor ein paar Tagen, über die Erweiterung unserer Scrabble-Runde."

„Kniffel."

„Mein ich doch."

„Also?"

„Ich habe doch dieses junge Mädel, das einmal die Woche vorbeikommt und für mich etwas größere Einkäufe erledigt."

„Thea."

„Ja, richtig. Sie ist unglaublich gewitzt und klug. Ein tolles Mädel, aber das weißt du ja bereits. Jedenfalls hatte ich letztens die Idee, dass ich euch beide ja auch mal gemeinsam einladen könnte. Zu einem Spieleabend."

Sie verkündete das mit einem Leuchten in den Augen, so als würde es sich bei dem Treffen um eine Zusammenkunft wichtiger Regierungsvertreter handeln, die in ihrer Küche abgehalten wurde.

„Klingt fantastisch."

„Drei Generationen an meinem Küchentisch, das kann ja nur lustig werden."

Sie klatschte in die Hände.

***

Ich erinnere mich an eine Zeit, in der ich dachte, dass ich Lucille mehr liebte als das Leben selbst. Und nun musste ich immer wieder feststellen, dass es einen Teil von mir gab, der sie abgrundtief verabscheute. Ja, ich hasste sie. Wie konnte es sein, dass diese gegensätzlichen Überzeugungen sich beide so wahrhaftig anfühlten, obwohl sie eigentlich nicht nebeneinander existieren konnten? Und ständig fragte ich mich: Was ist mit dieser Liebe passiert? Wo ist diese Liebe hin? Hatte es einen Moment gegeben, in dem es uns beiden bewusst wurde? Einen Morgen, an dem wir beide unsere Augen öffneten und uns gründlich anschauten? Eine Sekunde, in der wir beide absolut ehrlich zueinander waren und ablegen konnten, was wir zuvor auf den anderen projiziert hatten? In der wir einander vollkommen nackt gesehen hatten und ohne die Abgründe des anderen zu verleugnen?

Wir mussten es beide gewusst haben. Wir hatten das Ende von etwas erreicht und mit dieser Erkenntnis ließ sich nicht mehr viel anstellen.

***

Wir spielten Kniffel, und Thea gewann dreimal in Folge, würfelte fünf Kniffel in vier Runden und verlor die letzte Runde mit einem Abstand von lediglich zehn Punkten, sodass ich mich allmählich zu fragen begann, ob eine gewisse Strategie beim Würfeln doch von Vorteil sein könnte.

Thea war so etwas wie der Inbegriff einer mit allen Wassern gewaschenen Sozialarbeiterin. Ihre Art der Kommunikation war etwas ruppig, der Händedruck bei der Begrüßung kurz und fest, sie lächelte und bewegte das Gesicht kaum, aber wenn sie lachte, dann vibrierte der ganze Raum, so laut konnte sie lachen. Sie war total rational, beim Spielen, aber auch im Gespräch, und sie tat noch nicht einmal so, als würde sie irgendetwas dabei empfinden, wenn die fünf Würfel vor ihr alle die sechs Augen zeigten.

„Das gibt's doch nicht", hauchte Marie.

Thea griff nach den Würfeln, warf sie in den Becher zurück, schob ihn zu mir rüber und trug „50" in ihre Spalte auf dem Spielblock ein. Das tat sie mit dieser kühnen Gelassenheit, die mich sowohl faszinierte als auch verärgerte.

Sie war gerade mal einundzwanzig Jahre alt, aber sie hätte genauso gut zehn Jahre älter sein können. Sie war in ihrem zweiten Unijahr, Soziale Arbeit, arbeitete bereits drei Tage die Woche in einer Einrichtung für Rauschgiftsüchtige, leitete eine politische Organisation für gewaltfreie Kommunikation an ihrer Uni, übernahm an drei Nachmittagen die Schulbetreuung in einer „Brennpunktschule" und besuchte Marie ein- bis zweimal in der Woche.

Ich fragte sie, wie sie das bewerkstelligte, die ganzen Verpflichtungen in der Woche, und wie sie davon nicht gestresst sein konnte.

„Passt schon", sagte sie und strich sich die braunen Locken hinters Ohr. Dieses *Passt schon* bekam ich noch einige Male zu hören und ich blieb gedanklich eine ganze Weile an dem Ausdruck hängen.

Nach der vierten Runde Kniffel, die wir in schweigsamer Konzentration gespielt hatten, durchbrach ich die Stille plötzlich, indem ich in der Stimmlage eines Rummelbudenbesitzers losblökte: „Meine Damen und Herren, herzlich willkommen zur 75. Kniffel-Weltmeisterschaft in Tokio. Ich präsentiere die diesjährigen Favoriten – halten Sie die Luft an, aber vergessen Sie nicht zu atmen! Aus Tansania haben wir hier die junge Spielerin Thea Steiner, die die letzten drei Weltmeisterschaften gewonnen hat, aber lassen Sie sich nicht von ihren Erfolgen blenden, denn auch aus anderen Ländern ist Potenzial für einen Sieg angereist. Hier ist sie, Marie Hoffmann aus Mexiko, eine große, sagenhafte Spielerin. Wohl die erfahrenste, die wir in diesem

Duell antreffen werden. Zuletzt haben wir hier Alexis Krämer aus Australien, keine nennenswerten Siege in den letzten Jahren, aber dafür legt er eine beeindruckende Hybris an den Tag. Jüngst teilte er der Presse mit, dass er in diesem Jahr mit einer neuen Strategie spielt, die es in dieser Form noch nie gegeben hat. Wir sind gespannt und werden das Spiel hautnah für Sie beobachten und analysieren."

Und ich ahmte das tobende Publikum nach. Ich wusste nicht, wieso ich das tat. Wieso ich plötzlich den Entertainer gab. Es war vollkommen lächerlich. Thea und Marie starrten mich entgeistert an, bis Marie schließlich in die Hände klatschte und juchzte: „Das ist ja großartig!"

„Tokio hol ich auch noch nach Hause", sagte Thea, griff sich den Würfelbecher und wir begannen wieder zu spielen.

***

Der Kampf gegen das Vergessen ist einer der brutalsten Kämpfe, die ein Mensch führen kann. Maries Ehrgeiz und Hartnäckigkeit in diesem Kampf bemerkte ich schon frühzeitig an den Listen, die plötzlich an ihrem Kühlschrank oder an ihrer Garderobe klebten.

Schlüssel
Portemonnaie, Personalausweis
Licht aus
Heizung runterdrehen
SCHLÜSSEL!!!

Das waren die Listen der harmlosen Kategorie. Ich fand auch eine Beschreibung mit den wichtigsten Eckdaten zu ihrer eigenen Person, als ich eines Mittags in ihrem Flur auf sie wartete.

Und einige Wochen später, als wir uns in ihrem Wohnzimmer gegenübersaßen, erspähte ich aus den Augenwinkeln meinen eigenen Zettel. Als sie in die Küche ging, um die Teller abzuräumen, griff ich danach.

Alexis Krämer (Frau Lucille, Sohn Simon (geb. 2001))
Jeden Mittwoch 18:00 Abendessen
Schlüssel für Wohnung im Ankleidezimmer, dritte Schublade rechts
Kniffel
Schrank 2
Rouladen

Mich fröstelte und ich legte den Zettel wieder an seinen Platz zurück.

Wie viel Zeit hatten wir noch?

***

Wenn die Nächte noch nicht richtig angebrochen waren, legte ich mich mit dem Rücken aufs Bett und schloss die Augen. Das Zimmer wurde nachts fast vollkommen von der Dunkelheit verschlungen, aber es war auch nicht so schwarz um mich herum, dass die Gegenstände im Raum unsichtbar geworden wären. Ich zwang mich immer mit gewaltvoller Vehemenz zur Entspannung, aber sobald ich den Kopf auf den Kissen abgelegt hatte, war jegliche zuvor da gewesene Erschöpfung wie verpufft und der Kampf gegen Windmühlen begann von vorne. Meine Gedanken gingen tagtäglich zu den gleichen Orten zurück, ich erinnerte mich an Momente, die ich vergessen wollte, und ich stellte immer wieder aufs Neue fest: Dorthin wollte ich nicht, konnte ich nicht zurück. Der Ablauf war immer gleich, neu war lediglich der Zeitpunkt, zu dem die Müdigkeit es schaffte, die Gedanken in die Knie zu zwingen.

Manchmal lag ich im Bett und bepflanzte weiter den Garten in meinem Kopf. Ich hatte damit vor einigen Wochen angefangen und dieser Garten schien ein guter Ansatz dafür zu sein, mich auf Trab und das schwarze Gedankenloch fernzuhalten. Mittlerweile hatte er eine beträchtliche Größe angenommen und nach mehrfacher Umsortierung hatte ich mich für eine Anordnung entschieden, die mich befriedigte. Ich hatte ein Kräuterbeet, ein Nutzpflanzenbeet, die Wildblumen, aber auch größere Gewächse, den Walnussbaum, den Apfelbaum und den Ahorn. Nur einen Rasen hatte ich nicht. Dagegen sträubte ich mich. Es war mittlerweile März geworden und das bedeutete, dass die Gartensaison im Anmarsch war und es ordentlich zu tun gab. Das war gut für mich, denn so konnte ich mich ablenken. Also stutzte ich Kräuter, säte die Kohlgewächse im Frühbeet aus, düngte die Obstbäume und Zwiebelblumen, schnitt den Kirschlorbeer, pflanzte Sträucher um und schnitt Heide- und Ziergräser zurück, bis ich müde wurde und mich mit einer Wolldecke in die Hängematte legte und mir die Augen zufielen, während mir die ersten wärmeren Sonnenstrahlen ins Gesicht schienen.

***

Einige Wochen später saßen wir wieder zu dritt im Wohnzimmer und spielten Kniffel, aber Marie war mit den Gedanken woanders, das sah ich.

„Alexis, warum bringen Sie eigentlich nie Ihre Frau Lucille mit?"

Thea und ich sahen uns an und ich wusste in diesem Moment, dass die Version von mir, die Marie in den letzten Monaten kennengelernt hatte, sich aufzulösen begann und durch eine ältere Version von mir ersetzt wurde.

„Wir haben uns doch getrennt, Marie. Lucille lebt nicht mehr mit mir zusammen."

Thea blickte auf ihre Schuhe hinab und Marie sah mich unschlüssig an.

„Ja, richtig", sagte sie schließlich, aber ihren Worten fehlte die Überzeugungskraft.

***

Ich versuchte mit einem rationalen, nüchternen Blick auf das Vergessen zu schauen, anders war es auch gar nicht auszuhalten. Und ich stellte in meinem Kopf insgeheim Studien an: Was wurde sofort von der Demenz gefressen, welche Erinnerungen dagegen waren zäh genug, um eine Weile länger auszuharren?

Thea war sozusagen vor mir da gewesen, sie hatte vor mir eine bedeutende Rolle in Maries Leben gespielt, aber trotzdem schwamm ich als Nachbar schon länger in ihrem Bewusstsein herum. Wen würde sie also zuerst vergessen? Thea oder mich? Was würde das zu bedeuten haben? Und fand sie die Dinge, die sie zuerst über mich vergaß, belanglos?

Sie sank immer weiter in die Vergangenheit zurück, dachte erstaunlich lange, dass sie dreiundvierzig Jahre alt sei, und erinnerte sich an seltsame Details, die Thea und mich gruselten. Es dauerte nicht lange, bis Marie immer mehr verschwand. Sie war selten aggressiv oder unwirsch mit uns, aber sie war bei Weitem nicht mehr so feinfühlig und taktvoll, wie ich sie in Erinnerung hatte.

„Hallo, Marie." Ich hörte, wie Thea durch die Wohnungstür schritt und ihre Schuhe im Flur abstreifte.

„Hallo."

„Schön, dich zu sehen." Thea tätschelte hölzern Maries Arm, während sie das sagte.

„Danke, Fettpfote", erwiderte Marie, wandte sich ab und ging in die Küche. Thea zuckte mit den Schultern und setzte sich neben mich.

An diesem Tag hatte sie es eindeutig auf Theas Gewicht abgesehen, denn als sie einige Minuten später zurück ins Wohnzimmer kam – Thea und ich hatten ihre Bemerkung übergangen –, blieb sie mit den Tellern in der Hand vor Thea stehen und sah sie einen Moment mit zusammengekniffenen Augen an.

„Du bist wirklich der einzige Mensch, den die Farbe Schwarz nicht schlanker macht."

„Marie ...", murmelte ich.

„Lass ruhig, passt schon. Ich bin es eh leid, ständig mit Samthandschuhen angefasst zu werden, weil Menschen meine Körperfülle unangenehm ist. Danke, dass es endlich jemand beim Namen nennen kann. Ich bin Fettpfote."

***

Berlin war damals eine unerschöpfliche Quelle für alles. Egal wonach man suchte, man würde fündig werden in dieser Stadt. Ging es einem schlecht, sah man Dinge, die dafür sorgten, dass man sich noch grässlicher fühlte. Aber andersherum lief es genauso. In letzter Zeit war ich manchmal mit einem Gefühl von vergessenem Wohlbehagen wach geworden, und von diesem Gefühl ganz ergriffen, konnte ich die Welt endlich wieder ertragen.

Erst letztens hatte ich ein Café am Reuterplatz besucht. Draußen hatte es in Strömen geregnet und das Café war im Umkreis das einzige gewesen, das geöffnet hatte. Ich bestellte einen doppelten Espresso und ein Croissant mit Butter und Marmelade. Der Kaffee war wässrig, ich konnte bis auf den Grund der Tasse blicken, so wenig von der goldenen Crema schwamm an der Oberfläche. Und das Croissant war pappig, die Marmelade zu klebrig und süß. Dennoch fühlte ich mich wie jemand, dem ein zweites Leben geschenkt worden war, und ich nahm alles um mich herum so wahr, als wäre es das kostbarste Geschenk auf dieser Erde.

Ich nahm den Kaffee mit nach draußen, rauchte eine Zigarette und beobachtete einen jungen Mann auf der gegenüberliegenden Straßenseite, der unbeholfen mit seinem Schirm kämpfte, der sich nach außen umgebogen hatte. Ich lachte lauthals, und als der Mann mich hörte, fiel er noch lauter in mein Lachen ein. Ich winkte ihm zu, er winkte zurück und setzte seinen Weg fort. Während ich noch eine zweite Gauloise rauchte, beobachtete ich die Menschen hinter der Glasscheibe, den Mann, der an seinem Tisch telefonierte und dabei mit den Händen wütend in der Luft rumfuchtelte, die junge Frau hinter der Kaffeemaschine, die mir den schlechten Kaffee gemacht hatte, den Kellner mit der zerrissenen Hose, der nicht lächelte bei der Arbeit und auch keinen Blickkontakt zu den Kunden aufnahm. Sie alle hatten auf unverständliche Weise doch etwas Weiches an sich und ich hätte ihnen gerne gesagt, wie dankbar ich ihnen war, für ihr Verdienst, mit ihrem bloßen Dasein diese Welt, meine Welt, zusammenzuhalten.

Vielleicht war es genau das, ich spürte, dass ich dem Tod noch mal von der Schippe gesprungen war, und fand nun, dass es sinnlos war, weiterhin so zu tun, als wäre ich vor ein paar Monaten wirklich gestorben.

Aber meine Zigaretten brannten doch immer wieder herunter und auch mein ekstatisches Hochgefühl wich wieder dem dumpfen Grundrauschen, das ich seit geraumer Zeit nicht loszuwerden vermochte.

Maries Vergessen und die Tatsache, dass ihr Zustand recht geradlinig in eine Richtung zu laufen schien, erforderten eine erneute Auseinandersetzung mit dem Sterben, etwas, für das ich in meinem derzeitigen Zustand nicht die nötige Resilienz und Kraft hatte. Ein Gefühl von Verlorenheit schwappte über mich und genau das war es, was ich von meinem vertrauten Berlin gespiegelt bekam, das Gefühl, überall, wo ich war, vollkommen verloren zu sein. Die Stadt war außer Rand und Band, und alles in mir drängte mich dazu, das Geschehen und das Treiben um mich herum aufzuhalten. Dieses nie zuvor da gewesene Unvermögen, mit der Schnelllebigkeit der Stadt fertigzuwerden, und den tiefen Wunsch, die Hektik und das Chaos für einen Moment anzuhalten, erklärte ich mir mit meiner Angst, auch Marie könnte sich vor meinen Augen zu schnell auflösen.

***

„Warum hast du das vor ein paar Tagen zu Thea gesagt?"
„Was gesagt?"
„Du hast sie Fettpfote genannt."
„Nein." Sie sah betroffen aus. „Wirklich?"
„Ja."
„Himmelherrgott, wie unverfroren. Ich muss mich bei ihr entschuldigen. Das ist ja furchtbar, ich schäme mich, Alexis."
„Sie hat es verkraftet."
„Bist du sicher?"
„Ja."

***

„Was machen die Buben, Thea?"
„Keine Buben. Zurzeit date ich Frauen."
„Und was sagt der Papa dazu?"
„Der freut sich."
„Interessant."

In klaren Momenten besprachen wir alles, was es zu klären und zu organisieren gab. Das war vor dem Moment, als sie anfing, zu vergessen, dass sie vergaß und sozusagen noch sehenden Auges auf ihr eigenes Kentern zusteuerte. Die Zeit, als man mit ihr noch über die Krankheit reden konnte, war für sie fast die schlimmste, aber ihre Panik und die Verzweiflung ließen danach eigentlich auch nicht nach.

Einmal kam ihre Cousine vorbei und zu dritt planten wir Maries Einzug in das Pflegeheim Rosendorf, nicht weit von der Wohnung entfernt. Marie schweifte immer wieder ab, zweimal stand sie vom Tisch auf, lief unschlüssig zur Tür und kehrte dann wieder um. Mich beschlich das Gefühl, dass sie nicht begriff, dass es bei der Planung um *sie* ging, um *ihren* Auszug, um die Auflösung *ihres* Hab und Guts. Ich kannte sie gut genug, um zu wissen, dass sie, wenn es um ihre Wohnung ging, eigentlich nicht so devot gewesen wäre. Aber gleichzeitig erwischte ich mich dabei, dass ich fast erleichtert war über die willenlose Fügsamkeit, mit der sie alles widerstandslos zurückließ. Tief im Inneren wusste ich, dass es die sinnvollste Lösung war und dass sie immer weniger dazu imstande war, sich selbst zu versorgen.

***

„Was machen die Buben?"
„Ich habe eine Freundin, Marie."
„Warum suchst du dir nicht einen Freund?"
„Ich will nicht."
„Das kann ich nicht verstehen."

Auch ihre progressive Ausrichtung entwickelte sich genauso rückläufig wie alles andere, und die aufgeklärte Marie, die ich kennengelernt hatte, wurde immer weiter zurückgedrängt von einer Marie, die aus einer anderen Zeit zu stammen schien.

Es war entschieden. Der Umzug würde in drei Wochen stattfinden. Gemeinsam hatten wir fünf Umzugskartons gepackt, die sie mit ins Heim nehmen würde. Weitere zehn Kartons würden *vorerst*, was auch immer das zu bedeuten hatte, auf dem Dachboden im Haus ihrer Cousine verstaut werden, und der Rest wurde verkauft, verschenkt oder weggeschmissen.

***

„Wie geht's deiner Partnerin, Thea?"
„Gut! Sehr gut."
„Bring sie doch mal mit. Ich möchte sie gerne kennenlernen."
„Ja, gerne, kann ich machen."
„Schön."

***

Aber aus Thea wurde wieder Fettpfote und aus Fettpfote wurde irgendwann niemand.
Thea verschwand vor mir, aber das alles war so tragisch, dass ich an mein Überleben in Maries Erinnerung nicht einen einzigen triumphierenden Gedanken verschwendete.
„Wo ist Lucille, Herr Krämer?"
„Sie wohnt nicht mehr hier."
„Hat sie den Sohn mitgenommen?"
„Kann man so sagen."
„Wie tragisch, er ist doch erst drei, nicht wahr?"
„Nein, nein, er ist nicht mehr drei."
„Ich habe letztens beobachtet, wie Ihre Frau dem Sohnemann eine Backpfeife verpasst hat."
„Das kann nicht sein."

„Doch, ich erinnere mich ganz genau. Es muss vor einer Woche gewesen sein. Sie tat mir so leid, sie sah so verzweifelt aus. Sie konnte selbst nicht fassen, was passiert ist."

„Lucille hat ihn nie geschlagen."

„Es war das erste Mal, hat sie erzählt. Glauben Sie mir, ich weiß, dass Lucille eine gute Mutter ist. Ich sehe die zwei doch immer vor dem Haus spielen. Er malt immer mit seiner Kreide bunte Sachen auf die Straße."

Ich konnte ihr nicht in die Augen sehen.

„Gehen Sie mit mir auf die Bank?"

„Was müssen Sie auf der Bank machen?"

„Ich brauche Geld, um mir die Tageszeitung zu kaufen."

„Geld liegt auf der Kommode im Flur, und die Tageszeitung liegt vor Ihnen."

„Gehen Sie dann ein Bier mit mir trinken?"

„Ja."

Wie lange konnte ein Mensch ohne Gegenwart überleben?

***

„Was machen die Buben, junge Dame?"

„Die kommen und gehen."

„Ja, so ist es immer."

KAPITEL NEUN

LUCILLE (2013)

15. Februar 2013, 11:57
Simon Cordier
Hi
To: lucille.cordier@googlemail.com
Hallo mama,
in meinem mathebuch steht: berechne im kopf: 2,4 x 1,5 oder 2,3 x 2,5 ... wie rechnet man das denn bitte im kopf??? Das ist ja total bescheuert!!
Kannst du mir den songtext von adele (set fire to the rain) bitte ausdrucken?
Simon

15. Februar 2013, 13:15
Lucille Cordier
Re: Hi
To: its_si_mon@hotmail.de
Hallo Simon,
ich weiß es, ich weiß es! Wollen wir später mal zusammen über die Hausaufgaben schauen?
Und natürlich, den Songtext drucke ich aus und bringe ihn heute Abend mit. Probt ihr den gerade im Chor oder ist das ein eigenes Projekt?
Schmatz von deiner Mama

15. Februar 2013, 13:24
Simon Cordier
Re: Re: Hi
To: lucille.cordier@googlemail.com
Hallo mama,
ok. Können wir machen.
Nein brauche den songtext für mich. Habe eine neue idee für ein musikvideo zeig ich dir dann auch später.
ich wollte dich noch was anderes fragen und zwar auf der seite sofort-sms-gratis.de kann man kostenlos sms verschicken aber ich glaube nicht dass die seite soooooo gut ist oder?
Hab ich in der zeitung gesehen.
Wäre ja sonst gut dann könnte ich sms schreiben so viel ich will ...
Kannst du es dir mal angucken??
Bis später dein simon

15. Februar 2013, 14:24
Lucille Cordier
Re: Re: Re: Hi
To: its_si_mon@hotmail.de
Hallo mein allerliebster,
ich guck's mir an! Gute idee. Mal sehn ...
Was machst du heute noch? Wetter nur so lala, stimmts?
Dicke Küsse,
Mama

15. Februar 2013, 15:01
Simon Cordier
Re: Re: Re: Re: Hi
To: lucille.cordier@googlemail.com
grade hab ich aufgeräumt. Aber nachher gehen wir in die

stadt und tauschen tshirts von papa um. Eben war der postbote da und er hatte ein sehr flaches packet für dich. Aber wir durften es nicht annehmen. Übrigens gestern haben konrad und ich beim flaschensammeln nur zwei euro pfand verdient! Na toll! Aber egal wir haben trotzdem eine gemischte tüte im kiosk gekauft.
Heute gehe ich noch mal zum kiosk um mir die tiersticker zu holen für mein album.
Ahhhh übrigens heute habe ich bis elf geschlafen!!

15. Februar 2013, 20:52
Simon Cordier
Fast gute nacht
To: lucille.cordier@googlemail.com
noch mal,
ähh ich mache gerade diese bist-du-fit-kacke, aber ich habe noch eine frage und zwar (ich hoffe ich nerve dich jetzt nicht, du wolltest bestimmt mal ein ruhiges wochenende haben, und jetzt komme ich mit irgendwelchen mathesachen an, und du bist noch nicht mal da?!), wenn man 1,6 : 0,1 rechnen muss, dann muss man die dezimalbrüche ja erweitern, aber muss man dann beide erweitern oder nur einen? kommt da dann 16 raus? na ja, du musst mir das auch nicht beantworten, irgendwie bekomme ich das schon raus. papa hat nur wird-schon-richtig-sein gebrummt. er guckt jetzt fußball. und ich, ups es ist ja schon so spät! hihi :) muss jetzt auch so LANG-SAM ins bett. gute nacht
simon <3

16. Februar 2013, 00:08
Lucille Cordier
Definitiv gute nacht

To: its_si_mon@hotmail.de
Hallo mein obersüßer!! 16 stimmt. Musste aber lange drüber nachdenken. Wie hast du das gerechnet? Hast du das in Brüche umgewandelt? Und ohne Taschenrechner? ;-) Cool. Wir können ja morgen mal telefonieren, ja?
Hast du meine Links bekommen zu den Adele-Texten? Hab ich aus dem Zug geschickt. Mit Martina war's superschön. Jetzt bin ich todmüde und schlafe in einem riesigen Bett.
Ich schicke dir einen dicken Kuss. Bis morgen – obwohl – ist schon spät – also: bis gleich! Mama

***

„Fragile Körper" war der Name der neusten Aufführung und sie war die erste, die insofern multidisziplinär war, als sie sowohl Tanz als auch Installationen und Bildelemente umfasste. Fridas Cousine, die als freie Künstlerin in Köln lebte, hatte angeboten, die Aufführung mit ihren Installationen und Kunstwerken zu unterstützen, und so war eine assoziationsreiche Choreografie aus verschiedensten zusammengefügten Elementen erstanden. Die skulpturalen Einflüsse gingen in Lebendigkeit über und es waren vor allem diese ephemeren Zustände, bei denen die festen Formen der Gegenstände sich im Tänzerischen auflösten, die den Zuschauer zum Staunen brachten. Eine Symphonie war entstanden, aus Tanz, Musik und Licht.

Wahrscheinlich war es die emotionalste und zugleich harscheste Aufführung, die ich je kreiert hatte. Im Zentrum standen die Körper der Frauen, und sie wurden zu einem Medium, das die feministische Loslösung von Rollenerwartungen artikulieren sollte. Die Tänzerinnen, entweder vollkommen entblößt oder nur leicht bekleidet, wanden und verdrehten, streckten und krümmten sich, fanden zu machtvollen Figuren zusammen und lösten sich wieder voneinander. Entweder fanden die Bewegungen in äußerster Langsamkeit statt, was dazu führte, dass die schonungslose und ungezierte Entblößung ihrer Körper im Mittelpunkt stand, oder ihre Bewegungen waren so staccatohaft, dass sie im Zuschauer vor allem Unbehagen auslösten. Es war die gewaltvolle Konfrontation ungehemmter weiblicher Körper in freier und ungeschönter Bewegung, die die einengenden Konventionen und repressiven Anforderungen an Weiblichkeit mit Füßen trat.

„Was ist das Ziel dieser Aufführung?", fragte Alexis eines Abends, als wir zu dritt am Tisch saßen und Bolognese aßen.

„Ich möchte die extremen weiblichen Erfahrungen unserer Zeit in eine Form bringen und gleichzeitig zeigen, dass Weiblichkeit selbst nicht in eine Form zu bringen ist."

„Spannend, das hört sich gut an", sagte Alexis betont jovial, und trotzdem hörte ich Beklommenheit in seiner Stimme oder war es selbst, die sie dort hineinlegte.

„Finde ich auch", sagte Simon bestimmt und ich lächelte ihn dankend an. „Dürfen deswegen auch nur Frauen mitmachen?", fragte er.

„Na ja, es geht ja um Feminismus. Da wäre es ja fast heuchlerisch, wenn Männer Frauen diese Bühne nehmen würden, um ihre Erfahrungen zu teilen, oder?", erklärte Alexis.

„Ach so", antwortete Simon.

„Ehrlich gesagt" – ich schaute Alexis an, während ich sprach – „liegt es nicht daran, dass Männer uns aus Ehrenhaftigkeit den Vortritt lassen, sondern eher an ihrer Ratlosigkeit und ihrem Unbehagen, sich wirklich mit diesen Themen der geschlechtlichen Ungleichheit auseinanderzusetzen und wirklichen Beistand zu leisten."

„Manchmal wäre ich auch gerne eine Frau", sagte Simon.

„Nein", sagten Alexis und ich gleichzeitig, aber wir meinten unterschiedliche Dinge damit. Während er die in seinen Augen *debile* Weiblichkeit meinte, die es abzugrenzen galt von *tugendhafter* Männlichkeit, sprach ich von der nicht wünschenswerten gewaltvollen Unterdrückung, die mit dem Geschlecht einherging.

„Warum wärst du gerne ein Mädchen, Simon?", fragte ich, weil mich die Vehemenz in meinen Worten selbst erschreckt hatte.

„Ich würde auch gerne tanzen manchmal."

„Aber das kannst du doch."

„Aber du hast doch gerade gesagt, dass nur Mädchen mitmachen."

„Ja, aber das liegt nicht daran, dass Jungs nicht mitmachen dürfen, sondern daran, dass die meisten einfach Angst haben, sich so – in Anführungszeichen – feminin zu zeigen."

„Angst würde ich es nicht nennen. Bestimmte Unterschiede zwischen den Geschlechtern sind gar nicht so zufällig, wie man denkt."

„Und der Mensch ist fluider, als du denkst, Alexis", antwortete ich ruhig, und an Simon gerichtet: „Wenn du magst, kommst du einfach mal mit in eine Anfängerstunde, und wer weiß, vielleicht macht es dir ja wirklich so viel Spaß, wie du denkst."

„Ja!"

Als er im Bett lag und Alexis und ich auf der Couch eine Dokumentation über Blauwale im Fernsehen schauten, wandte Alexis sich mir plötzlich zu und strich sanft mit dem Zeigefinger über meinen Nacken.

„Ich möchte doch nur, dass Simon zu einem Mann heranwächst, der sich behaupten kann und der nicht hilflos dabei zusehen muss, wie er niedergemacht wird von anderen."

„Genau das möchte ich auch", sagte ich ruhig.

„Aber gleichzeitig willst du, dass er vollkommen verweichlicht und im Kleidchen auf der Bühne steht, obwohl du genau weißt, dass er sich damit zur Zielscheibe für grausame Missgunst und Ablehnung macht."

„Deine Definition von Männlichkeit und Stärke ist das Problem, nicht irgendeine scheinbare Verweichlichung."

„Wenn es Simons eigene Entscheidung ist, dann möchte ich mich ihm nicht in den Weg stellen. Aber wir müssen ihn ja nicht gleich dazu drängen, jetzt mit dem Tanzen anzufangen, während Jungs in seinem Alter das nun mal überwiegend nicht tun."

„Du hast Angst, dass wir ihm eine Identität aufstülpen, die er nicht hat?"

„Ja."

„Warum?"

„Ich möchte nicht, dass er eine Rolle oder Persönlichkeit annimmt, die er ohne dieses Aufdrängen nicht gewählt hätte."

„Willst du wissen, was ich denke?", fragte ich.

„Natürlich", antwortete er.

„Ich denke nicht, dass Geschlechteridentitäten oder Sexualität oder was auch immer du befürchtest, aufdrückbar oder ansteckend sind. Ansteckend ist allein Freiheit."

„Gut. Was möchtest du damit jetzt sagen?"

„Dass wir nicht versuchen werden, den natürlichen Lauf der Dinge aufzuhalten."

„In Ordnung." Alexis hielt mir einsichtig die Hand hin und ich schüttelte sie.

***

Ein gutes Jahr später, das Wetter war regelrecht heiß für den Mai, konnten wir auf dem Weg zum Jahrmarkt mit geöffnetem Verdeck fahren. Der Parkplatz vor dem Fußballstadium war geräumt, und die Jahrmarktbudenbesitzer hatten ihre Fahrgeschäfte und Essensstände kreisförmig aufgebaut. Es roch nach gebrannten Mandeln und Maschinenöl.

„Happy Birthday, Simon-Schatz." Frida überreichte dem jüngst dreizehn Jahre alt gewordenen Jubilar einen langen Stiel mit rosa Zuckerwatte. „Hoffentlich findest du es bald langweilig, mit uns wilde Sachen zu fahren, denn bald können Lucille und ich uns das nicht mehr leisten, wenn du immer älter wirst."

„Ich freu mich schon auf meinen vierzigsten Geburtstag, wenn ihr vierzig Sachen mit mir fahren müsst."

„Ich glaube, an deinem vierzigsten Geburtstag wird für Frida und mich selbst Kettenkarussell zu abenteuerlich sein."

1. Riesenrad
   „Zum Aufwärmen?" – „Ja."
2. Wildwasserbahn
   „Es ist strategisch klug, erst Wildwasserbahn zu fahren, um dann in der Wilden Maus wieder trocken zu werden."
3. Freifallturm
4. Geisterbahn
   „Brauch ich nächstes Jahr nicht wieder." – „Nee."
5. Jaguar-Express
6. Wilde Maus
7. Autoscooter
   Frida und ich setzten eine Runde aus.
8. Freifallturm
9. Schiffschaukel
10. Octopussy
11. Freifallturm
12. Dosenwerfen

Ich schaute zu Frida, vergewisserte mich, dass ich nicht die Einzige war, die die vielen Fahrten mit einem blümeranten Gefühl in der Magengegend zurückgelassen hatten, und ihre strubbelige Sturmfrisur bestätigte mich.

„Noch eine Fahrt, stimmt's?", fragte Simon.

„Ja."

„Wir sind noch nicht den Arm gefahren."

Der Arm war ein um die sechzig Meter hoher Stab, der sich um die eigene Achse drehte und an dessen Ende eine sich ebenfalls in alle Richtung drehende, sich mehrfach überschlagende Kabine hing.

„Bitte nicht." Frida hatte die Hände auf die Knie gestemmt und blickte zu Boden.

„Nein, Spaß." Simon grinste. „Ich habe von Anfang an gewusst, was als Letztes kommt."

Frida schaute auf.

Simon zeigte auf einen kleinen, unscheinbaren braunen Wohnwagen am Ausgang des Jahrmarktes.

„Die Wahrsagerin?" Frida richtete sich auf.

„Ja!"

„Genial", sagte sie und die beiden stolzierten los. Ich trottete hinterher.

Simon verlangte, dass Frida als Erste ging. Wir warteten draußen, ich rauchte eine Zigarette und er hatte sich im Schneidersitz auf den Asphaltboden gesetzt. An seinem Arm baumelte ein großer Regenbogenfisch-Luftballon.

Frida trat heraus.

„,Ritter der Scheiben' ist meine Karte." Sie wedelte mit der Karte vor unseren Augen herum.

„Was heißt das?"

„Sie hat gesagt, dass ich die Karte gezogen habe, weil ich bei meiner Arbeit, die in einem größeren Zusammenhang mit meiner ursprünglichen Bestimmung steht, erfolgreich bin. Ich soll in der Zukunft auch weiterhin meiner inneren Kraft folgen, um mein Leben mit Aufgaben zu füllen, die es sinnvoll und reich und voll von Liebe machen."

Ich drückte Fridas Arm, und Simon tat es mir gleich. Er verschwand als Nächster.

„Der Mond!" Simon sprang heraus.

„Vielversprechend", sagte Frida.

„Steht für Träume und Seelenfrieden. Sie hat zu mir gesagt, dass ich am besten meine Gedanken und Gefühle aufschreiben soll. In einem Tagebuch, weil ich wohl eine Begabung fürs Schreiben hätte." Simon zuckte betont gleichgültig mit den Schultern, aber ein Schmunzeln hatte sich bereits auf seinem Gesicht breitgemacht.

„Das hat sie gesagt?"

„Ja, echt!"

„Wie toll!", erwiderte ich.

„Großartig, Simon", sagte Frida. „Wir kaufen später ein Notizbuch für dich, damit du gleich anfangen kannst."

„Heb die Karte gut auf", riet ich ihm.

„Jetzt du." Frida wandte sich mir zu.

„Ach, ich muss echt nicht. Wir können ruhig schon fahren."

„Kommt nicht infrage." Frida schob mich sanft in Richtung des Wagens. Unschlüssig stand ich einen Moment davor, stieg dann die breiten Stufen hinauf und stieß die Tür auf. Eine Wolke aus Sandelholz und Zederngeruch kam mir entgegen. Die Tür fiel bedrohlich hinter mir zu. Der Boden war mit Teppichen ausgelegt und an den Wänden hingen Bilder, voll von verschnörkelten Symbolen und Figuren. Am anderen Ende des Wagens saß sie auf einem Meditationskissen, die Karten vor sich ausgebreitet, und schaute mich durchdringend an, ohne das Gesicht zu bewegen.

„Hallo!", sagte ich und blieb zögerlich in der Nähe der Tür stehen.

Sie klopfte auf das runde Kissen vor sich und forderte mich auf, Platz zu nehmen. Als ich vor ihr saß, griff sie über den Tisch nach meinen Handgelenken und schaute mir dabei in die Augen.

„Wie heißen Sie?"

„Lucille."

„Ah, *die Leuchtende*."

Sie schloss die Augen, ohne meine Hände loszulassen.

„Die Mutter?", fragte sie.

„Ja."

Sie nickte. „Ein besonderes Kind."

Ich fragte mich, ob das ihre gewöhnliche Herangehensweise war, so überrumpelnd und pathetisch.

„Sehr sensibel und einfühlsam." Sie sah mich eindrücklich an. Ich nickte.

„Es braucht viel Halt, dieses Kind", flüsterte sie. „Sehr viel Halt. Die Sonne scheint jetzt, aber wenn es regnet und der Regen wieder aufhört, kommen die Würmer aus der Erde und die Käfer krabbeln herum."

Die Luft wurde schlagartig unerträglich schwer und ihr Griff hatte sich fast etwas zu fest um meine Handgelenke geschlossen. Ich wich ein Stück zurück.

„Alles, was dann noch durchlässig ist, wird zerfressen."

Ich schluckte und versuchte nun, meine Hände zu befreien, aber sie hielt mich weiterhin unbeirrt fest.

Plötzlich ließ sie meine Hände fallen. „Ziehen Sie eine Karte!"

Mir war die Lust vergangen, aber ich ließ meine Hand trotzdem über die Karten gleiten, zog schließlich eine und hielt sie ihr hin.

„Der Eremit", flüsterte sie.

„Na großartig", entgegnete ich.

„Nein, nein, Sie kennen die Bedeutung der Karte nicht. Es ist eine der bedeutsamsten Karten der Major Arkana."

Ich starrte auf die Karte hinab, und auf die einsame Person, die ganz allein auf einem Pfad in den Bergen wanderte.

„Wissen Sie, warum niemand um ihn herum zu sehen ist und er alleine auf dem Gipfel steht?"

„Nein."

„Weil nur sehr wenige Menschen es schaffen, einen so beschwerlichen Weg bis hin zum Gipfel der geistigen Erkenntnis zurückzulegen."

Wieder schaute sie mich an.

„Der Eremit hält eine Laterne in der Hand, die ihm den Weg ausleuchtet. Das Licht zerstreut die Dunkelheit und gibt ihm neue Einblicke in die Welt. Sinnbildlich steht es für den Prozess der spirituellen Reifung."

„Okay."

„Diese Karte wird für Ihre nahe Zukunft von Bedeutung sein. In Ihrem Fall steht die Karte allerdings auf dem Kopf, und der umgekehrte Eremit deutet auf eine starke Isolation hin. Es könnte sein, dass Sie sich alleine fühlen werden, selbst wenn Menschen um Sie herum sind. Sie werden verbittert sein oder sich verirrt fühlen. Deswegen ist das Licht, das auch Sie selbst sind, *Lucille*, auch so wichtig für Sie, denn nur wenn Sie genau hinsehen, können Sie es erkennen und den Weg aus der krisenreichen Misere finden. Die Karte gibt Ihnen die Möglichkeit, mit Abstand das Ganze zu sehen und es neu zu beurteilen, Sie müssen nur die Bereitschaft dazu zeigen. In der Krise sollten Sie sich mit Ihrem Innersten auseinandersetzen, um Ihre ureigene Identität zu spüren."

Sie sah mich einen Moment an, bevor sie über den Tisch griff und meine Hände ein letztes Mal drückte.

„Alles Gute." Sie lächelte nicht.

„Danke." Ich schluckte und stand langsam auf.

In meinem weiteren Leben suchte ich nie wieder eine Wahrsagerin auf.

***

Wir standen vor dem Spiegel in der Tanzschule und ich fing Simons scheuen Blick auf. Seine Hände hingen schlaff an seinem Körper herunter und er kämpfte in diesem Moment sichtlich mit seinem Unbehagen. Er trug das hellgrüne Seidenkleid, das ich für eine frühere Aufführung genäht hatte.

„Hübsch siehst du aus."

„Ich sehe komisch aus."

Und der Blick glitt an seinem eigenen Körper hinab, eine Mischung aus Ekel, Scham und neugieriger Erregung.

***

Anfang Juli, kurz vor den Sommerferien, waren wir an den See gefahren.

„Du verbrennst noch", sagte Alexis spöttisch, als wir im Sand lagen und ich mich, alle Glieder von mir gestreckt, in der Sonne räkelte, während er und Simon sich das bisschen Platz unter dem Sonnenschirm teilten, wie die Sardinen in der Büchse. Ja, es stimmte. Ich verbrannte. Oder besser, mein Schweigen ließ mich von innen heraus verbrennen, dachte ich und hatte direkt wieder die Worte meiner Mutter im Kopf: „Gott, Lucille, du bist immer so gefühlsduselig und melodramatisch."

Aber es stimmte. *Der Kummer, der nicht spricht, nagt leise an dem Herzen, bis es bricht.* Ich hatte manchmal das Gefühl, als wäre das Dilemma meiner Beziehung Teil einer Art Weltskript, vor dem es kein Entrinnen gab.

Ich schaute ihn an und ich dachte an alles, worüber wir nicht mehr sprachen.

Warum schweigen wir den Elefanten im Raum tot, Alexis? Warum sehen wir darüber hinweg, dass die Dinge uns langsam entgleiten, dass sie aus dem Ruder laufen? Dass seit einiger Zeit alles anders ist? Warum vertuschen wir, dass wir einander nicht mehr anfassen können, ohne Unmut dabei zu empfinden? Warum tun wir so, als würden nicht alle Sätze, die ich zu dir sage, Tadel beinhalten? Warum schweigen wir über unseren Neid und die Missgunst, die wir füreinander empfinden? Warum sprechen wir nicht darüber, wo das Ersparte hingeht und deine Selbstachtung gleich mit? Warum haben wir dein leeres Versprechen, den Drogenkonsum in den Griff zu kriegen, schon längst vergessen? Und warum tust du so, als würde es das pulvrige Teufelszeug nicht mehr geben, und ich, als ob es mir nicht erst kürzlich beim Aufräumen in die Hände gefallen wäre? Warum sprechen wir nicht über den Abend, als du so viel Ketamin geschnieft hast, dass ich dich bewusstlos auf dem Fußboden gefunden habe?

Und warum sprechen wir nicht darüber, dass wir einen Sohn haben, der gerne in Kleidern und Röcken in seinem Zimmer tanzt? Über den Sohn, der heimlich meinen Nagellack stiehlt und sich die Fußzehen lila lackiert? Über den Körper, der kein Zuhause für ihn ist? Warum verberge ich, dass ich das auch manchmal beunruhigend finde? Warum reden wir nicht darüber, dass du mit deiner hinterwäldlerischen Definition von Männlichkeit dein eigenes Trauma in ihn hineindrückst? Von ihm erwartest, sich für deine persönlichen Ansichten aufzugeben? Warum schweigen wir darüber, dass meine Eltern Rassisten sind? Dass sie sich mit ihren Ideen eher zurück- als nach vorne entwickeln? Warum verheimlichen wir ihnen die Identität unseres Sohnes? Wieso sprechen wir nicht darüber, dass die Topforchideen deiner Tante scheußlich sind? Dass sie mich noch nie leiden konnte? Oder darüber, dass sie selbst bald nur noch als Blumenerde ihrer Orchideen an Simons Geburtstag teilnehmen wird, wenn der Blasenkrebs schlimmer wird? Ja, und wenn wir schon beim Thema sind, warum verschweigst du mir, dass wir ihre Medikamente bezahlen?

Und warum bleibst du still, wenn deine Freunde sexistische Schweine sind? Und wieso bleibe ich es, wenn du es zuweilen auch bist? Warum verschweigst du mir, dass du dich schämst, wenn ich mich vor ihnen nicht eloquent genug über Politisches ausdrücke? Warum tue ich so, als wüsste ich nicht, dass du meinen Epilierer nimmst, um damit deine Rückenhaare zu entfernen, ohne dass klar wäre, für wen du das tust? Warum reden wir nicht mehr über Jacques' Tod? Und darüber, dass ich nicht sie bin und dich das noch immer auffrisst? Was ist mit Jakobs Briefen? Warum wird totgeschwiegen, dass ich mich mal in eine Frau verknallt habe? Warum wollen wir die leeren Flaschen nicht sehen, die ich am Anfang jeder neuen Woche zum Glascontainer bringe? Wieso schweigen wir über den steigenden Meeresspiegel? Über die Werbekampagnen, die dazu führen, dass ich mir die Falten mit Botox glätten lassen will? Über das Finanzamt, das uns auf den Fersen ist? Über die dahinschwindende Zeit, die uns im Nacken sitzt und zuweilen den Atem raubt? Oder über die konstante Angst jedes Menschen, ständig zu versagen?

Was machen wir, Alexis, wenn uns das ganze Schweigen von innen auffrisst und unsere Innereien vollkommen zersetzt, bis sich alles, einfach alles, komplett auflöst?

***

„Mama!" Simon schrie aus seinem Zimmer nach mir. Es war 23:12 Uhr an einem Mittwochabend, und Alexis und ich saßen am Wohnzimmertisch, während er am Laptop Ferienunterkünfte heraussuchte und uns gelegentlich mehr Wein in die Gläser goss. Ich saß neben ihm und korrigierte Simons Deutschaufsatz. Ich stand auf und lief zu Simons Zimmer. Durch die Löcher des Rollladens fiel trübes Licht aufs Bett und ich konnte schemenhaft seinen zusammengerollten Körper wahrnehmen. Ich tappte leise zu ihm und setzte mich auf die Bettkante.

„Ich kann nicht schlafen."

„Lies doch noch ein paar Seiten."

„Hab ich schon probiert."

Er klopfte mit der flachen Hand auf die Matratze und bedeutete mir, mich neben ihn zu legen. Ich kroch zu ihm unter die Bettdecke und drückte meine Wange an sein Gesicht.

„Es geht um was anderes."

„Welche Laus liegt dir dann auf der Leber?"

„Papa hasst mich", flüsterte er.

„Er hasst dich nicht", flüsterte ich zurück.

„Er will nicht, dass ich bei der Tanzaufführung mitmache."

„Das hat nichts mit dir zu tun. Das ist eine ganz persönliche, eigene, von dir unabhängige Angst von ihm. Er ist ganz anders aufgewachsen als du, weißt du?"

„Er will, dass ich so werde wie er."

„Und willst du das?"

„Weiß ich nicht, glaube nicht."

„Du bist nicht das Abbild von jemand anderem, Simon. Nicht von mir und nicht von ihm. Du bist dein ganz eigener und sehr feiner Mensch."

***

„Wie ging noch mal Dornröschens Tanz?"

„Komm, ich zeig's dir."

Simon trug wieder das Kleid und wir standen diesmal im Wohnzimmer. Ich spielte Tschaikowski über die Musikanlage ab und begann, Simon die Choreografie vorzutanzen. Er ahmte meine Bewegungen vorsichtig und aufmerksam nach.

„Mach die Bewegungen noch größer, streck dich ganz lang!"

Sein Blick folgte wachsam meinen Bewegungen.

„Lass dich in der Bewegung fallen."

Nach einer Weile fiel die Anspannung von ihm ab und er gab sich den Bewegungen hin.

„Schön, Simon! Super!"

Alexis kam zur Tür herein und ich sah sofort, dass er wütend war.

„Simon!"

Simon verharrte mitten in der Bewegung.

„Wir gehen zum Tischtennis heute. Zieh das Mädchenkleid aus und zieh dich um."

Das *Mädchenkleid*. Und die Gliedmaßen, die sich eben noch zur Decke und zum darüberliegenden Himmel gereckt hatten, fielen in sich zusammen, wollten verschwinden im eigenen schamvollen und sündhaften Körper. „Ja, Papa." Und Simon rannte, ohne uns noch einmal anzusehen, in sein Zimmer.

„Das ist nicht ganz das, was ich unter ‚den natürlichen Lauf der Dinge nicht aufhalten' verstehe. Das ist Manipulation", raunte mir Alexis verärgert zu.

Als Simon aus seinem Zimmer kam, mied er meinen Blick. Ich wusste, dass Selbstverleugnung der größte Verrat an einem selbst war, den man begehen konnte. Ich wusste das aus eigener Erfahrung und wahrscheinlich hätte mich nichts trauriger machen können, als zu sehen, dass jemand, Simon, sich nicht zu sich selbst bekannte, bekennen konnte. Aber ich merkte auch, dass das, was es zu *bekennen* gab, nicht so eindeutig war, wie wir es uns vielleicht wünschten.

Alexis schüttelte den Kopf und ich wusste, was er dachte. Er glaubte zu wissen, dass Simon sich verkleidete, entstellte, wenn er das *Mädchenkleid* trug, aber er realisierte nicht, dass er sich auch dann verkleidete, wenn er die *Jungenhosen* anhatte, wenn er ein Junge sein sollte. Aber das wusste Alexis eben nicht.

An diesem Abend wurde ich mit Schweigen bestraft. Und die Angst vor der Stille wuchs ins Unermessliche.

***

Frankreich 2014 – der Schrecken dieses Urlaubs ist universal. Das Meer, das kleine Örtchen, das Haus, sie sind alle noch da, die Erinnerungen sind in allem, was unsere Hände heute berühren, sie sind einfach nie verschwunden. Genau wie die Worte *I'm meant to live in peace*, die als Reaktion auf die Erinnerung wie ein Mahnruf aus den Tiefen meines Kopfes in mein Bewusstsein aufsteigen.

I'm meant to live in peace.

Ein unaufhörliches Tauziehen zwischen den Schreckensszenen und dem inständigen Wunsch, Seelenfrieden zu bekommen und befreit zu werden von den qualvollen Erinnerungen. Manchmal hängte ich mich an den Worten auf und wiederholte sie pausenlos, sodass ich für eine Weile nicht ansprechbar war, bis das Ritual beendet war.

Das Problem an dem Ganzen ist, dass ich mich zwar haarscharf an alles zu erinnern glaube, dass diese Erinnerungen, so harmlos sie zum Teil auch sein mögen, aber alle mit dem gleichen Entsetzen getränkt sind und nun alle den exakt gleichen Geschmack auf der Zunge hinterlassen. Und ich wünschte, ich würde mich mit einer lupenreinen Objektivität an die Dinge erinnern, ohne all die unnötigen Ausgestaltungen, die meine Gedanken, meine Gefühle, alles, was noch folgte, hinzudichteten. Ich füllte im Nachhinein alles aus. Letztlich ist alles nur ein Abklatsch dessen, was wirklich passiert ist. Ich bilde mir manchmal ein, von Anfang an diese ungute Vorahnung gehabt zu haben, obwohl ich weiß, dass das nicht im Entferntesten der Wahrheit entspricht, aber es ist leicht, das im Nachhinein zu denken. Letztlich ist es auch wieder nur ein Versuch des Verstandes, von Anfang an in allem recht gehabt zu haben.

Alles fing mit der zähsten Autofahrt an, die ich je erlebt habe. Schokoladenkekse schmolzen in der Hitze, die Sonne stach durch die Autofenster, und ein mühseliger Stau folgte dem nächsten. Es fühlte sich an, als würden wir es nie wieder von der Straße runterschaffen.

„Wenn wir noch eine Stunde länger im Stau stehen, parke ich das Auto am Seitenstreifen und wir laufen zum nächsten Motel."

„Wir sind in Deutschland, Papa, hier gibt es keine Motels auf der Autobahn."

Und nach weiteren zehn Minuten und fünf Metern vorwärts öffnete Alexis das Fenster und rauchte eine Zigarette.

„Mach dein Fenster auch auf, Simon. Wegen des Zigarettenrauchs."

Simon öffnete das Fenster und streckte den Kopf raus.

„Also, ich denke ja manchmal, dass das Schicksalsentscheide sind, wenn man im Stau steckt, einem der Joghurtbecher in der Tasche aufplatzt oder man auf der Straße ausrutscht, weil diese Dinge einen davor schützen, dass Schlimmeres passiert", sagte ich betont heiter.

„Ach ja?"

„Ja, dass wir jetzt im Stau stehen, könnte verhindern, dass wir zu schnell fahren und in ein Auto vor uns reinfahren. Oder in einen schlimmen Sturm fünfzig Kilometer vor uns geraten. Wer weiß das schon?"

Alexis blickte hinaus in den blauen, wolkenfreien Himmel und runzelte die Stirn. „Das Glas ist halb voll, oder was?"

„So in etwa."

Ich weiß, dass die Konversation ungefähr so ablief, aber Erinnern ist auch eine fälschliche Reproduktion, manchmal erinnert man sich an Dinge, die es nie gab.

Bis zur französischen Grenze war Simon nicht ansprechbar, sein Kopf war hinter dem Bildschirm seines Handys verschwunden und die dünnen Finger tippten unaufhaltsam Nachrichten an einen Empfänger, dessen Name nicht mit Alexis und mir geteilt wurde. Nach der Grenze musste die Verbindung gekappt werden, Alexis und ich warnten mehrfach vor einer Wiederholung des Malheurs, das im letzten Urlaub passiert war. Italien, als niemand daran gedacht hatte, die mobilen Daten auf Simons Handy auszuschalten, und er munter mit seinen Freunden gechattet hatte und wir nach dem Urlaub 150 Euro für seine Handyrechnung hatten bezahlen müssen.

Ich spürte Alexis' Unmut auf der Autofahrt, dabei war die zweiwöchige Reise seine Idee gewesen.

„Wann war das letzte Mal, dass wir so richtig unbekümmert waren? Wir sind so entkräftet, man muss kein Arzt sein, um uns beiden eine Pause verordnen zu wollen. Eine Pause in Form eines zweiwöchigen Frankreichurlaubs. Ich verordne uns diese Pause!"

Ich kann noch immer über den bewaldeten Campingplatz der ersten zwei Nächte laufen. Ein Platz mitten in einer Schlucht, in der einst ein reißender Fluss sein Unwesen trieb, von dem heute nur noch ein sanfter Strom übrig ist. Ich rieche wieder die hohen Pinien, laufe die hölzernen Stufen zu unserem Platz am Hang hinauf. Ich kann noch immer in die Nacht hinter dem Insektennetz des Zeltes blicken. „Deine Taschenlampe zieht die Schnaken an, wenn du das Gitter nicht zumachst", sagte Alexis ständig zu uns.

Ich liege auch wieder auf den Steinen unten am Wasser. An dem Tag brannte die Sonne, obwohl es noch früh war. Wir waren die Einzigen am Wasser. Gerade eben waren wir noch schwimmen, nur Simon nicht, er saß ein wenig abseits, las und hatte dabei die Kopfhörer über den Ohren. Das Wasser war ihm nicht geheuer, die Wasserscheu hatte er von seinem Vater. Schon als Kind hatte Simon panische Angst vor dem Wasser gehabt, selbst im Schwimmbad. Seine Lehrerin vom Schwimmunterricht hätte ihm damals nicht das Bronze-Schwimmabzeichen ausstellen können, weil Simon sich schlichtweg geweigert hätte, einen Kopfsprung ins Wasser zu machen.

„Willst du nicht ins Wasser?"

„Später vielleicht."

„Ist das Buch so spannend?"

„Ja."

Ich bin, ohne zu zögern, ins Wasser gelaufen, trotz der spitzen Steine unter meinen Füßen und der für den Sommer kühlen Wassertemperatur. So habe ich das immer gemacht, nicht minutenlang mit den Waden im Wasser stehen, einfach reinlaufen, und nach ein paar Sekunden ist der Schmerz überwunden. Ich drehte mich auf den Rücken, blickte in den wolkenfreien Himmel und schaute auf Alexis, der immer noch zögerlich am Ufer stand und mit der Kälte kämpfte. Alexis war ein unruhiger Schwimmer, er streckte den Kopf immer konzentriert aus dem Wasser und ruderte hektisch mit den Armen. Selbst in so stillen Gewässern wie diesem brauchte er den Boden unter den Füßen.

„Rein mit dir. Die Angst vor dem Wasser verflüchtigt sich, wenn man erst mal eine Weile im Wasser ist."

Sagte ich das? Oder sagte ich in diesem Moment überhaupt nichts zu Alexis' Hydrophobie?

Auf dem Wasser kreisten Insekten, auf den erhitzten Steinen krabbelten kleine Eidechsen. Wir breiteten die Handtücher auf den Felsen aus und legten uns auf den Bauch. Alexis rückte zu mir und legte den Arm auf meinem Rücken ab.

„Das Leben müsste immer so langsam sein, findest du nicht?", fragte ich.

„Ja, hier fällt es leicht, eine Bestandsaufnahme von dem zu machen, was einen wirklich glücklich macht."

„Man sieht Dinge, die nicht nur das Wichtige präsentieren, sondern es selbst erzeugen."

„Stimmt. Ich sehe dich", sagte er und grinste.

***

Ein paar Tage später fuhren wir mit dem Auto weiter in den Süden. Ich denke, das war der Moment, in dem Alexis vollkommen akzeptiert hatte, dass in den Urlaub zu fahren nicht immer einfach war, und die Erwartung ablegen konnte, dass alles immer gleich und auf Anhieb gelang. Ich konnte geradezu beobachten, wie die Anspannung von ihm abfiel, und ich stellte auch fest, wie reibungslos unsere Beziehung in der Theorie, abgeschieden vom Alltag, funktionierte. Hier, in schattigen Mittagspausen, in den kühlen Räumen unseres kleinen Ferienhauses, losgelöst von Zeit, verschwand manchmal jegliche jemals da gewesene Distanz zwischen uns. Während Simon draußen bis in den späten Nachmittag hinein mit den Kindern der Ferienhausvermieter herumtobte und sich bis zur Ermüdung bewegte, lagen Alexis und ich im Bett und vergaßen alles um uns herum.

Eines Mittags, als wir nackt nebeneinanderlagen und Alexis sich an mich geschmiegt hatte, dachte ich, dass ich es ihm nun sagen würde. Alles würde ich ihm sagen und er würde mir verzeihen, weil er mich so liebte. Aber die Worte fanden keinen Ausgang aus meinem Körper. Ich wusste, dass der ganze Kummer in mir, der nicht sprach, mein Herz nicht leichter machte, und so wartete ich ständig auf den richtigen Moment. Ich hinterfragte auch meine Intentionen oft. War es die Absolution von ihm, die ich brauchte, und war es deswegen nicht eigentlich unfair, ihm dieses Päckchen der Vergangenheit aufzubürden? Vielleicht war es gerechter, allein mit dieser Schuld zu leben. Es waren die kleinen Momente, in denen die Schuld ganz plötzlich hochschwappte und mir davon übel wurde.

Manchmal, wenn Alexis und ich uns nach dem mittäglichen Dösen am Küchentisch gegenübersaßen, empfand ich kurze Momente der Glückseligkeit. Wenn er nach dem Essen noch sitzen blieb und mir aufmerksam zuhörte, während ich ihm irgendetwas Banales erzählte, vergaß ich, was alles passiert war. Und während er die Tischdecke glatt strich, die Essenskrümel auf dem Teller mit der Spitze seines Zeigefingers aufsammelte und manchmal etwas Erlösendes sagte, wusste ich, dass irgendwie doch alles gut werden würde.

***

„Kann ich eine Cola?" Wir saßen in einer Bar am Strand von Collioure, und Simon hatte die Getränkekarte aufgeschlagen.

„Eine Cola was?", fragte ich. „Aus dem Fenster werfen? Fressen? Das Klo runterspülen?"

„Haben", antwortete Simon.

„Hattest du nicht schon zwei heute?", fragte ich. „Vielleicht irgendetwas ohne Koffein."

„Heute ist Kalte-Cola-Tag", sagte Alexis.

„Was ist Kalte-Cola-Tag?", fragte Simon.

„Heute darf man so viele Colas trinken, wie man möchte." Alexis winkte den Kellner zu uns und bestellte eine Cola für Simon und zwei Bier für uns.

Ich warf ihm einen vorwurfsvollen Blick zu. „Ich erinnere dich an den Abend, als Simon die Kaffeepralinen gegessen hat und wie ein Duracell-Hase bis morgens rumgetobt ist."

Aber niemand beachtete mich.

Als die Getränke kamen, kippte Alexis sein Bier in großen Zügen runter und zündete sich eine Zigarette an.

„Ich genieße meine Cola lieber, als sie so schnell zu trinken wie du", stellte Simon fest.

„Ich genieße mein Bier auch, nur halt schneller als du."

Ein paar Stunden später liefen wir vom Strand zurück zum Apartment. Simon lief zwischen uns. Als wir an einer kleinen Eisdiele vorbeikamen, fragte er, ob wir noch ein Eis essen könnten.

„Ich glaube, jetzt hatten wir wirklich alle genug Zucker heute", sagte Alexis.

„Also, ich will auch noch ein Eis."

Alexis schaute mich von der Seite an und hob amüsiert eine Augenbraue. „Ich weiß nicht, wann ich dich das letzte Mal mit einem Eis in der Hand gesehen habe."

„Tja", antwortete ich nur.

Als ich einige Minuten später ein Kirsch-Sahne-Eis mit extra Sahne in der Hand hielt, musste Alexis lachen.

„Ich habe die letzten Jahre immer nur Eiskugeln ohne Sahne im Becher genommen, und das ist ein großes Versäumnis an Spaß und Freude, Alexis."

***

Mitten in der Nacht, nachdem wir miteinander geschlafen hatten, standen wir manchmal einen Augenblick nackt voreinander, und ich erinnerte mich an Zeiten, in denen ich mich unbeholfen und beklommen gefühlt hatte. Die Leidenschaft war der Scham gewichen und ich hatte mich in meiner Nacktheit entblößt gefühlt. Da hatten wir uns auch angesehen, aber anders. Verlegen und fast verspottend waren die Blicke da gewesen. Aber mittlerweile war es anders, und wenn Alexis in diesen Momenten den Arm nach mir ausstreckte oder mit seinen Lippen meinen Hals berührte, dann spürte ich diese tiefe Freundschaft zwischen uns, die sich unter unseren Vergehen am anderen manchmal doch ganz deutlich abzeichnete. Wir wussten beide ganz genau, was unsere Körper eben miteinander getan hatten, und in diesem Wissen hielten wir uns gegenseitig fest.

„Alexis, ich muss mit dir reden", flüsterte ich.

„Wir müssen jetzt nicht reden." Er legte mir einen Finger auf die Lippen. „Alles gut."

Alles gut
Alles gesagt
Alles versucht
Alles getan
Alles riskiert
Alles erkämpft
Alles hingenommen
Alles vergeben
Alles gut.

KAPITEL ZEHN

ALEXIS (2014)

Die Zeit, in der wir gemeinsam trauerten, ist nur noch schemenhaft in meinem Gedächtnis abgespeichert. Manche Tage sind mir völlig entglitten, manche kleinen Momente hingegen sind gestochen scharf. Die Fähigkeit, die Tage voneinander zu unterscheiden, habe ich irgendwann gänzlich verloren; in meinem Kopf ist ein einziger Haufen von gesammelten Bruchstücken. Ich erinnere mich an die ersten Wochen, in denen mein Körper wie mechanisch weiter funktionierte und arbeitete, als wäre nichts geschehen. Mein Körper gewährte meinem Geist keine Trauer, keine Emotionen, und obwohl ich meinen Schmerz am liebsten aus allen Poren herausgeweint und geschrien hätte, konnte ich nicht loslassen. Während ich kochte, während ich einkaufen ging und während ich unser Leben weiter aufrechterhielt, war ich in Gedanken nie im Hier anwesend, und die Zweigleisigkeit meiner Gedanken und meiner Bewegungen machte mich nervös.

Ich wünschte mir sehnlichst, weinen zu können, weil ich Trost in meinen Tränen und meinem Schluchzen finden wollte, aber es gelang mir nicht. Die Unberechenbarkeit meiner Tränen verwirrte mich und ich erinnerte mich an die zahllosen Filme, bei denen mir unerwartet die Tränen gekommen waren, wofür ich mich damals geschämt hatte. Wieso waren mir die Tränen in diesen belanglosen Momenten gekommen und fanden jetzt keinen Ausgang aus meinem Körper?

Die Stärke, die andere mir zuschrieben, lastete auf mir und ich hätte mich gern erklärt, fand aber keine Worte. Ich fühlte mich nicht stark und ich hatte Angst, unter dieser auferlegten Stärke zusammenzubrechen, denn mit jedem Tag, der verging, nahm meine innere Zerrissenheit zu und ich wusste immer weniger, was ich wirklich brauchte. Und dennoch wusste ich damals und heute, wieso ich mir selbst diese Charakterstärke abverlangte und mir keinen Moment des Loslassens und der Hingabe gewährte. Denn hätte ich ebenso wie Lucille getrauert, hätte uns niemand aus dem Sog, in dem wir strudelten, hinausziehen können. Dadurch, dass ein Teil von mir tat, als wäre nichts geschehen, schaffte ich es, unsere kleine Familie vor dem Abgrund zu bewahren, und hielt zusammen, was noch nicht in sich zusammengefallen war.

Sehr stark erinnere ich mich an Lucille und ihren tiefen Kummer. Lucille hatte vom ersten Tag an geweint und geschrien, ihre Gefühlslage in jeder nur erdenklichen körperlichen Reaktion zur Schau gestellt. Die Momente der Klarheit und Ruhe waren selten und mir waren sie fast verhasst, denn ihr Schmerz war ihr dann noch deutlicher ins Gesicht geschrieben, und sie saß wie versteinert und völlig leblos da, während das Leben um ihren Körper herum stattfand. Die Regungslosigkeit ihrer Gesichtszüge und die leeren Augen bohrten ein tiefes Loch in mein Herz und vergrößerten meinen Schmerz auf ein unerträgliches Maß. Jede Reaktion war mir lieber als diese, und ich ertrug es nach einiger Zeit nicht mehr, im gleichen Raum wie sie zu sein, wenn diese Ohnmacht sie befiel.

Ihr Schmerz hatte viele Gesichter und überraschte mich immer wieder. Das Wechselspiel aus grenzenloser Wut und zutiefst hilfloser Traurigkeit nagte an meinem Durchhaltevermögen.

Ich war fast immer Zielscheibe ihrer Wut und es konnte passieren, dass ihre Fäuste völlig unvermittelt auf mich einschlugen. Ihre animalischen Schreie gingen mir jedes Mal durch Mark und Bein, und oft staunte ich darüber, dass ein Mensch in der Lage war, solche Geräusche in seinem Körper zu erzeugen. Sie tat mir nie wirklich weh, und insgeheim war ich ihr dankbar, denn die Schuld steckte tief in meinen Knochen.

***

Eines Abends saßen wir gemeinsam am Tisch und diskutierten darüber, inwieweit es sich für uns lohnen würde, in einen neuen Staubsauger zu investieren. Ich, der seit einiger Zeit den Haushalt allein zu stemmen versuchte, war mir absolut im Klaren darüber, dass unser derzeitiger Staubsauger den Geist schon längst aufgegeben hatte und mehr als die Hälfte von dem Staub und Schmutz in der Wohnung achtlos zurückließ. Lucille dagegen weigerte sich vehement, den Staubsauger herzugeben, und so entsprang eine hitzige Diskussion zwischen uns. Mich freute das aus zwei Gründen: Erstens, wir sprachen über etwas Alltägliches, etwas nicht Trauriges, und zweitens, wir stritten über etwas ebenso Banales, und zum ersten Mal seit einiger Zeit betrachtete ich mich selbst als einen normalen Menschen mit normalen Auseinandersetzungen.

Während ich mich also des Gesprächs erfreute und gar nicht daran dachte, ihr in irgendeiner Weise recht zu geben und damit das Gespräch zu beenden, wandelte sich ihre Stimmung urplötzlich. Mitten im Satz schrie sie auf, wie *krank* wir seien, über so etwas Belangloses zu streiten, und dass wir weiß Gott andere Probleme hätten. „Wie kommst du auf die Idee, mich würde dieser bescheuerte Staubsauger gerade interessieren?"

Ich entschuldigte mich schuldbewusst bei ihr und schämte mich dafür, das Thema überhaupt erst aufgebracht zu haben. Sie verließ das Zimmer, und nach kurzer Zeit hörte ich ihr Schluchzen und Schreien aus dem Nebenzimmer. Ich blieb am Küchentisch sitzen, starrte die gegenüberliegende Wand an und versuchte meinen Herzschlag zu beruhigen und mich selbst. Während ich versuchte, die Geräusche von Lucilles Weinen auszublenden, schlang ich die Hände um meinen eigenen Körper und gab mir selbst eine so innige und feste Umarmung, dass meine Arme beim Loslassen schmerzten.

***

Was mir an Lucilles Trauer am meisten Sorgen bereitete, waren ihre Schlafstörungen. Mehrmals in der Woche wurde ich davon wach, wie sie schlafwandelnd das Bett verließ und in der Wohnung umherstrich. Ich folgte ihr jedes Mal leise und wachte über sie und ihre Aktivitäten. Meistens tat sie völlig banale, fast liebenswürdige Dinge, und wenn ich sie heil wieder ins Bett gebracht hatte, schlief ich jedes Mal erleichtert wieder ein.

Einmal fand ich sie vor der offenen Kühlschranktür sitzend und beobachtete, wie sie eine ganze Dose eingelegter Forellenstücke aß und anschließend einen Liter Orangensaft trank. In diesem Moment sah Lucille so friedlich aus und aß mit so unverfälschtem Genuss, dass ich nicht anders konnte, als zu schmunzeln. Ihr Essverhalten folgte einem ebenso unregelmäßigen Rhythmus wie ihr Schlafverhalten, sodass ich glaubte, sie würde sich nachts das holen, was ihr am Tag gefehlt hatte. Nach ihren Essorgien ließ sie sich von mir zurück ins Bett führen, ohne dabei aufzuwachen.

Ein andermal wurde ich von einem lauten Plätschern wach, und als ich Lucille nicht neben mir liegen sah, schreckte ich auf.

Ich entdeckte sie am anderen Ende des Zimmers, wo sie über unserem kleinen Mülleimer hockte, und da ich die Situation in meiner Schlaftrunkenheit nicht einordnen konnte, rief ich laut nach ihr. „Lucille, was ist los?"

Und schon war ich auf den Beinen. Als ich bemerkte, dass das laute Plätschern von Lucille ausging, die in den Mülleimer urinierte, wusste ich, dass sie nicht wach war, sondern schlafwandelte. Von meinem Rufen war sie aber wach geworden, blickte an sich hinunter und schien verwirrt zu sein.

„Was mache ich da?"

Sie fing an zu lachen, als sie begriff, was passiert war, und ich stimmte mit ein und so sahen wir uns weiterhin an: Lucille noch immer auf dem Mülleimer sitzend, ich auf dem Bett, und dieses Bild amüsierte uns so sehr, dass wir nicht mehr aufhörten zu lachen. Als Lucille wieder neben mir lag, hatte die Situation in uns beiden etwas verändert. Lucille drehte sich zu mir, kam nah an mich heran, und an diesem Abend schliefen wir fest umschlungen ein.

Das waren die guten Nächte.

Die der anderen Kategorie gab es auch.

In einer kalten Oktobernacht wurde ich von einem kühlen Windhauch an meinen Füßen geweckt. Zu dieser Zeit schlief ich sehr unruhig, weswegen mich winzige Abweichungen sofort aus dem Schlaf reißen konnten. Meine Tiefschlafphasen waren selten und kurz, die schlaflosen Phasen zäh und nervenaufreibend.

Mein erster Impuls war, die Decke über unsere Füße zu werfen und weiterzuschlafen. Als ich aber feststellte, dass ich die Decke nicht über Lucilles Füße legen konnte, war ich sofort hellwach und saß kerzengerade im Bett. Das Fenster war weit geöffnet, dabei schliefen wir nie mit offenem Fenster. Das Beängstigende daran war Lucille, die im Fensterrahmen saß, die

Beine nach draußen gestreckt, das Gesäß auf dem Fensterbrett. Sie hatte den Kopf nach draußen gerichtet und griff mit den Händen ins Leere. Ich war so erschüttert und verängstigt von dem, was sich vor mir abspielte, dass ich wie versteinert dastand.

Lucille wiegte ihren Oberkörper vor und zurück und murmelte etwas Unverständliches vor sich hin. Durch die Bewegung fing ihr Gesäß an, auf dem Fensterbrett hin und her zu rutschen. Panik befiel mich und ich stolperte durchs Zimmer und griff nach Lucilles Körper, um ihn vor dem Abgrund zu bewahren. Bevor sie die vier Stockwerke nach unten fallen konnte, zog ich sie zurück ins Zimmer und setzte sie behutsam auf dem Teppichboden ab. Ich schloss das Fenster, und als ich mich umdrehte, stand Lucille dicht vor mir und starrte mit ausdruckslosen Augen durch mich hindurch. Sie hob den Kopf an und unsere Blicke kreuzten sich. Angsterfüllt führte ich sie zurück ins Bett, und sie fiel unmittelbar wieder in den Schlaf zurück.

Lange danach lag ich wach im Bett und zerbrach mir den Kopf über das Geschehene. Obwohl ich wusste, dass Lucille schon oft geschlafwandelt war, wollte ein Teil von mir es nicht glauben. Sie hatte mich so direkt und vorwurfsvoll angeschaut, dass ich mir letztendlich doch nicht mehr so sicher war.

***

Ich hätte gerne gesagt, dass wir uns langsam, aber sicher aus diesem Tief hinausarbeiteten, aber es fühlte sich nicht so an. Leute wie wir verloren irgendwann das Gefühl für Zeit. Manchmal wurde mir ganz schwindelig, wenn mir plötzlich das Datum irgendwo entgegensprang und ich feststellen musste, dass es bereits November war. In anderen Momenten konnte ich es nicht fassen, wie schrecklich langsam Zeit vergehen konnte, wenn man zu sehr hoffte, endlich weiterzukommen. Manche Tage machten für mich keinen Sinn, weil ich sie nicht wirklich wahrnahm. Mein Leben orientierte sich nicht mehr an Zeit. Und das Konstrukt kam mir banal vor. Wer hatte sich ausgedacht, dass man Zeit messen sollte, dass man sie in die kleinstmöglichen Einheiten teilen konnte?

Noch banaler war, dass unser Zeitverständnis auf unserem Verständnis von Raum beruhte, und zu denken, Zeit würde von links nach rechts verlaufen, nur weil wir von links nach rechts lesen, erschien mir vollkommen absurd. Wir hätten die Zeit genauso gut als von Osten nach Westen verlaufend betrachten können, so wie sich die Sonne am Himmel bewegte. Aber auch das wäre wieder nur eine Form von Linearität gewesen. Linearität bedeutete aber auch eine Art von Fortschritt, und deswegen machte es mich wütend, dass die Zeit so gemessen werden sollte. Nichts in meinem Leben verlief gerade linear, und absolut nichts kam einem Fortschritt nah.

***

Ich bewältigte die Tage jener Zeit, indem ich meinem Kopf keinen Moment der Ruhe gönnte, sondern ihn stattdessen mit den abstraktesten Dingen auf Trab hielt. Manchmal stellte ich erstaunt fest, dass ich eine halbe Stunde lang in Gedanken das kleine Einmaleins aufgesagt hatte. Ich las Prospekte von Lieferdiensten dreimal, bevor ich Origami daraus faltete und sie in den Mülleimer warf. Aber nicht alle meiner Ablenkungsversuche waren so trostlos. Tagsüber versank ich in Arbeit, und wenn ich es manchmal schaffte, für kurze Augenblicke so aufgesogen zu werden von den Aufgaben, dass ich an nichts anderes dachte, fühlte ich Erleichterung und Schuld zugleich.

Jeder Mensch hatte sein eigenes Ventil, um nicht das spüren zu müssen, was doch immer dicht an der Oberfläche schlummerte und jeden Patzer des Bewusstseins nutzte, um herauszuschlüpfen. Für Lucille war es die Arbeit an der neuen Aufführung. Während ihre tiefe Depression im Alltag absolut jämmerlich war, waren die Auswirkungen auf ihre Kunst ergreifend. Ich weiß noch ganz genau, wie ich damals voller Ehrfurcht im Aufführungssaal saß und den Blick nicht von der Bühne abwenden konnte. Lucille hatte mir manchmal kleine Ausschnitte vorgetanzt und ich hatte einen Eindruck bekommen, aber mein Vorstellungsvermögen hatte nicht ausgereicht, um diese Fragmente zu einem Ganzen zusammenzufügen. Sie hatte ein brodelndes Inbild der Kümmernis entwickelt, und auf bestürzende Weise resonierte alles mit meinem eigenen Schmerz. Gewaltige Gruppenszenen, aussagekräftige Bühnenbilder, ergreifende Bewegungen.

Schon in den ersten Sekunden wusste ich, dass die Kritiken nicht zu Lucilles Gunsten ausfallen würden.

„Ganz schön düstere Nummer. Früher haben mir ihre Aufführungen irgendwie besser gefallen."

„Ja, und hast du dich mal mit ihr unterhalten? Diese Frau ist sehr sonderbar, wenn nicht sogar verrückt geworden, wenn du mich fragst."

So würden sie reden und dann mit einer ruckartigen Handbewegung ihre kleinen Kinder aus dem Saal ziehen. Ich hingegen klebte an meinem Stuhl, und meine Nerven waren vor Ehrfurcht zum Zerreißen gespannt. Ich kam mir ein bisschen so vor wie Simon, als ich das erste Mal mit ihm ins Kino gegangen war. Wir waren in *Der kleine Maulwurf* gewesen, hatten den Kinosaal aber nach wenigen Minuten verlassen müssen, weil der „kleine" Maulwurf auf der großen Kinoleinwand plötzlich gar nicht mehr so klein gewesen war und Simon verängstigt und eingeschüchtert zu weinen angefangen hatte.

Mir war so, als würde Lucille direkt zu mir sprechen und

mit mir kommunizieren, und zum ersten Mal hatte ich das Gefühl, als säßen wir nicht nur im selben Boot, sondern wären zusätzlich auch von der gleichen Seekrankheit geplagt. Die Szenerie stellte ein ganzes Mahnmal von Tragik und Leid dar.

Es war schwer, als Zuschauer zwischen Lebendigem und Totem zu unterscheiden, da überall auf der Bühne ein pausenloser Wechsel zwischen verrotteter und zerfallender Materie und dem neuen Leben stattfand, das aus ihr hervorging. Lebendigkeit und Sterben als Grundelemente menschlichen Seins durchzogen das Stück und ich glaubte zu verstehen, was Lucille damit sagen wollte. In diesem ganzen wuchtigen Chaos entstand eine verborgene Harmonie, die nicht zu sehen, sondern zu spüren war, als existierte hinter alldem ein Plan. Man bekam das Gefühl vermittelt, dass eine höhere Instanz die Hebel in der Hand hatte und dass alles irgendwie seine Richtigkeit hatte, trotz des ganzen Verfalls.

Am Ende des Stücks spielte das kleine Orchester, das Lucille engagiert hatte, in völliger Dunkelheit, sodass auch die Bewegungen des Dirigenten gänzlich von der Schwärze verschluckt wurden. Nach der Aufführung wäre ich am liebsten auf die Bühne gestürmt und hätte Lucille in die Luft gerissen, aber ich mahnte mich zur Ruhe.

Nichts überstürzen.

Keep it cool.

***

Ich erinnere mich noch ganz genau an diesen einen Montag, einige Wochen nachdem *es* passiert war. Es war der fünfundzwanzigste August, noch früh am Morgen, und es klingelte plötzlich. Vom ersten Klingeln wurde ich wach. Ich blickte mich im dunklen Zimmer um und wartete darauf, dass meine

Augen sich an die Dunkelheit gewöhnen würden. Neben mir lag Lucille, unsere Arme berührten sich und anhand ihrer Bewegungen nahm ich wahr, dass sie das Klingeln auch gehört hatte. Sie richtete sich auf und starrte mich entgeistert an.

„Wer ist das?", fragte sie und drehte sich zum Nachttisch um, auf dem der Wecker stand. Die leuchtend roten Ziffern durchbrachen die Dunkelheit und zeigten in bedrohlicher Deutlichkeit die Uhrzeit 07:40 an. Ich schüttelte den Kopf und zuckte mit den Schultern.

Es klingelte ein zweites Mal, und wieder sahen wir uns achselzuckend an und warteten darauf, dass einer von uns handeln würde. Lucille stand langsam und sichtlich verängstigt auf und wickelte sich ihren Morgenmantel um den Körper. Seit Wochen fürchteten wir uns vor jedem Besuch und hätten uns jedes Mal am liebsten im Schlafzimmer vergraben und abgewartet, bis die Besucher weiterzogen.

Tief in mir drin rüttelte die Uhrzeit etwas wach.

Manchmal hatte ich mir die Trauer wie das Meer vorgestellt. In einem Ratgeber hatte ich gelesen, dass man sich seine eigene Trauer wie die Ebbe vorstellen sollte. Am Anfang waren die Wellen noch größer, unbeständiger, nicht einzuschätzen. Aber mit der Zeit zog sich das Wasser zurück. Die Wellen kamen, aber sie waren schwächer, kleiner. So war das mit der Trauer, jede neue Welle, die über einem zusammenschlug, war schwächer als die vorherige. Obgleich ich selbst diesen Prozess nicht an mir hatte feststellen können, spürte ich nun, mit welch einschneidender Wucht die Flut wiedergekommen war.

„Hallo, hier ist Konrad", schallte es aus dem Hörer der Klingelanlage. „Ich warte hier unten auf Simon."

In mir starb etwas. Ein Teil von mir, der es bis jetzt geschafft hatte, zu überleben, fiel in sich zusammen. Das Einzige, was geblieben war, war die Zeit, und nun holte sie uns in ihrer schmerzhaftesten Form ein. Während es in meinem Leben keine Zukunft gegeben hatte, hatte es eine Zukunft für andere gegeben. Die Urlaube neigten sich dem Ende zu, die Urlaubsflieger kehrten nach Deutschland zurück, Leute fingen an zu arbeiten, die letzten Ferientage wurden mit einem Gefühl von Frustration und Vorfreude durchlebt. Und dann war er da: der Tag, der auch für uns ein normaler Tag hätte sein können. Ein Tag, an dem wir zurück in den Alltag gefunden hätten. Über den wir uns alle ein wenig geärgert hätten, aber an dessen Ende wir trotz allem abends beim Abendessen zusammengesessen hätten.

Aber diesen Tag gab es nicht mehr in unserem Leben, ihn würde es nie wieder geben. Uns wurde es nicht mehr gewährt, einen solchen Tag zu leben. Uns war die Zeit gestohlen worden.

Lucille hielt den Hörer in der Hand, und ihr Gesicht war schmerzverzerrt. Sie schaute mich an, die Lippen aufeinandergepresst, die Augen zusammengekniffen. Ich fand irgendwie die Kraft, zu ihr zu laufen. Ich nahm den Hörer aus ihrer Hand und hörte mich sagen: „Konrad! Du musst heute allein zur Schule laufen, okay? Wir sind ein bisschen spät dran leider. Bis später, Konrad."

Ich war nicht in der Lage, ihm zu sagen, was passiert war. Ich überließ diese Verantwortung jemand anderem. Ich wusste, dass ihm die nächste halbe Stunde nie wieder aus dem Kopf gehen würde. Dieses erste Anzeichen, das er jetzt nicht begriff, aber in wenigen Minuten begreifen würde. Er würde unbekümmert zur Schule laufen, er würde nichts ahnen. Und wenn er begriff, dann würde er merken, dass ich ihn angelogen hatte und dass ich ihn in dem Glauben gelassen hatte, dass alles gut sei.

Wie hatte es passieren können, dass wir Konrad vergessen hatten?
Wie zum Teufel konnten wir ihn vergessen?

Es war der erste Schultag nach den Sommerferien, nur eben nicht mehr für uns.

KAPITEL ELF

LUCILLE (2014)

Aber Alexis war schuld. Er war schuld. Er hatte nicht aufgepasst. Ich hatte ihm gesagt, er solle ein Auge auf den im Wasser schwimmenden Simon werfen, damit ich mich ein wenig ausruhen konnte.

„Er ist dreizehn Jahre alt, Lucille."

„Du weißt ganz genau, wie panisch er ist."

„Also gut."

„Außerdem ist er so schmal und klein, dass ihn nahezu alles direkt umhauen könnte."

Simon war im gesamten Urlaub erst ein Mal im Wasser gewesen, und das, als wir bis zum Bauchnabel im Wasser stehend Frisbee gespielt hatten. Der einzig andere Grund für ihn, ins Wasser zu gehen, war, dass er pinkeln musste, das hatte er mir gestanden. Wieso war er an diesem Tag überhaupt so lange im Wasser gewesen?

Alexis war es.

Nicht ich.

Er.

Er.

Er.

Und trotzdem, wenn das eigene Kind ein paar Meter entfernt von einem ertrinkt, während man selbst schweißverklebt auf seinem Handtuch vor sich hindöst, wird man sich sein ganzes Leben lang wünschen, man hätte in diesem Moment etwas Bedeutungsvolleres getan.

***

Simon starb auf sehr absurde Weise. Während Alexis ihn für ein paar Minuten aus den Augen ließ, wurde der im Wasser planschende Simon, der Gefallen am Salzwasser gefunden hatte, von den Wellen immer weiter hinausgezogen, ohne es zu bemerken. Bei einer unvermuteten Strömung konnte er sich nicht mehr über Wasser halten und fing verzweifelt an zu strampeln. Es gelangte immer mehr Salzwasser in seine Atemwege. Wenn das passiert, verkrampft sich die Stimmritze im Kehlkopf. Ein einziger Tropfen könne da schon ausreichen, sagten die Ärzte mir später. Eigentlich schützt uns dieser Stimmritzenkrampf, denn unter anderen Umständen verhindert er, dass beim Verschlucken Flüssigkeit in die Lungen kommt.

Der Krampf hat zur Folge, dass man eben nicht mehr atmen kann, und genau wie bei einem Krampf am Körper lässt sich der Krampf im Kehlkopf nicht so einfach lösen, auch dann nicht, wenn man den Ertrinkenden aus dem Wasser rettet. Der Sauerstoffmangel führt zu Bewusstlosigkeit, und nach einigen Minuten sterben bereits die ersten Gehirnzellen ab. Dieses Risiko ist bei Kindern und Jugendlichen höher, weil sie geringere Reserven gegenüber Sauerstoffmangel haben. Sie können sich schlecht retten. Ich spielte das absurde Szenario ständig in meinem Kopf nach. Rief mir die einzelnen Schritte ins Gedächtnis, wollte wissen, was passiert war in den paar Sekunden Unaufmerksamkeit.

Mit der Entscheidung, Mutter zu werden, hatte ich auch zwangsläufig entschieden, ein Mensch zu werden, den ich bisher nicht gekannt hatte. Und jetzt fühlte es sich so an, als wäre dieser Mensch gleich mit gegangen und als wäre nichts mehr von ihm übrig.

In der ersten Woche nach seinem Tod saß ich manchmal ganze Nachmittage in seinem Zimmer auf dem Teppichboden, und meine Hände griffen wahllos nach Gegenständen. Da kamen Dinge ans Licht, die ich als Überbleibsel von geheimen Gedanken betrachtete, die Geister eines ganzen Bewusstseins. Und ich realisierte, dass nichts auf dieser Welt die Bedeutung dieser Gegenstände erklären konnte, außer dem Besitzer selbst, und dass ich folglich in einer Wohnung lebte, in der die Bedeutung dieser Dinge für mich für immer verborgen bleiben würde.

Die Feststellung war schmerzhaft. Ich saß stundenlang auf dem Teppich, umgeben von kleinen Figuren, bunten, vollgekritzelten Heften und anderen Sammlungen, und ich grübelte pausenlos über die Zeichnungen und Bilder nach. Da waren Requisiten von Aufführungen, die ich schon längst vergessen hatte, und ich verstand nicht, wie er an sie gekommen war und wieso er sie aufbewahrt hatte. Ich hoffte, dass sie mir Antworten geben konnten, und ich setzte diese Suche nach Dingen mit einer Unnachgiebigkeit fort, die an Besessenheit grenzte. Am schlimmsten aber war die Sinnlosigkeit von alldem. Mein Geist suchte ununterbrochen nach Erklärungen. Erklärungen dazu, was die selbstgemalten Zeichnungen, die rigide Anordnung der Figuren, die Strichliste an der Wand zu bedeuten hatten. Eine Erklärung dafür, wie es sein konnte, dass ich meinen eigenen Sohn überlebt hatte, dass ich überhaupt noch lebte, dass ich noch immer hier sitzen und über all das nachdenken konnte.

Der Kummer verließ unsere Geister nie wirklich. In einer so schnelllebigen Gesellschaft, in der konstant von einem erwartet wurde, mit einem Bein schon in der Zukunft zu stehen, wurde auch kein Verständnis für langanhaltende Trauer aufgebracht, und ich fühlte mich immer mehr wie eine Außenseiterin. Uns blieb gar keine andere Wahl, als uns dem progressiven Vorwärtsmarsch unserer Kultur zu widersetzen, und sei diese Abkehr mit noch so schamvollen Gefühlen behaftet. Auch wenn ich irgendwann erkannte, dass hinter diesem Druck von außen nur Angst steckte. Die Angst, dass die endlose Trauer mich, Alexis für immer vom Leben entfremden würde.

***

Ich flüsterte.
I'm meant to live in peace.
I'm meant to live in peace.
I'm meant to live in peace.
I'm meant to live in peace.
I'm meant to live in peace.
I'm meant to live in peace.
I'm meant to live in peace.
I'm meant to live in peace.
I'm meant to live in peace.
I'm meant to live in peace.
I'm meant to live in peace.
I'm meant to live in peace.

Ich flüsterte so lange, bis ich es für einen Moment aus den gedanklichen Sackgassen heraus geschafft hatte. Jedes noch so kleine Zahnrad in der schrecklichen Geschichte saugte alles an

Lebenswillen in mir auf und hielt mich gedanklich stundenlang auf Trab.

Frankreich als Reiseziel.

Es wäre nicht passiert, wenn wir zur gleichen Zeit an einem anderen Ort gewesen wären.

Die kleine Bucht, das Meer.

Wir hätten Urlaub auf dem Land machen können. Wir hätten in die Berge fahren können, es wäre nicht passiert.

Alexis und ich und wie wir nur um uns selbst gekreist waren.

Es wäre nicht passiert, wenn wir nicht so aufeinander fokussiert gewesen wären.

Es wäre auch nicht passiert, wenn ich Simon im Urlaub nicht andauernd dazu gedrängt hätte, weniger oft unter seinen Kopfhörern und in den Büchern zu versinken und stattdessen mehr schwimmen zu gehen, sich mehr zu bewegen.

Es wäre nicht passiert, wenn Alexis ihn nicht ständig zu mehr Männlichkeit, zu mehr Ja-Sagen, zu weniger Auf-sich-selbst-Hören gedrängt hätte.

***

Alexis war es, der ihn aus dem Wasser zog. Er beteuerte ständig – eigentlich hat er damit nie wirklich aufgehört –, dass er nur für den Bruchteil einer Sekunde nicht aufs Wasser geschaut hätte und da wäre es schon zu spät gewesen. *Blöd gelaufen.*

Der Sog des Meeres, die starke Unterströmung, hatte bereits sein zerstörerisches Attentat verübt.

Von hier an war ich nicht mehr dieselbe Frau.

Ich dachte: *Das ist nicht Simon.*

Das Kind im Wasser ist nicht Simon.

Es ist nicht Simon.

Ich dachte: *Warum zur Hölle ist er schwimmen gegangen,*

obwohl er das Wasser und ganz besonders das Meer so gefürchtet hat?

Und ich dachte: *Wo war die verdammte rote Flagge?*
Eine gelbe Flagge hätte mir ja auch gereicht.
Wieso hatte niemand vor den gefährlichen Strömungen gewarnt?

Aber eine tückische Unterströmung war entstanden, die, sollte man den Behauptungen Glauben schenken, wohl niemand kommen gesehen hatte, Wellen waren an den Strand gebrandet und eine Sandbank hatte verhindert, dass das Wasser richtig zurückfließen konnte. An einer Stelle musste die Sandbank unterbrochen worden sein und das Wasser war an dieser Stelle mit einer immensen Kraft zurück ins offene Meer geflossen und hatte Simon in diesem Sog mit sich hinausgezogen.

Als Alexis es bemerkt hatte, war er, entgegen jeder Empfehlung dazu, wie man sich bei einer so starken Strömung verhalten sollte, ins Wasser gestürzt und auf Simon zugeschwommen. Anders als Simon, der sicher versucht hatte, gegen den Sog anzukämpfen, wir werden es nie erfahren, hatte er sich, nachdem er sich zu Simon hatte treiben lassen, auf den Rücken gelegt und war mit der Strömung schräg in Richtung Ufer zurückgeschwommen, Simon in seinen Händen. So war er leichter wieder aus der Strömung herausgekommen. Er, der ein verdammt scheuer und unsicherer Schwimmer war, hatte versucht, Simon zu retten, und hatte dabei eine erstaunliche Taktik an den Tag gelegt, die mir in diesem Moment wahrscheinlich gar nicht erst in den Sinn gekommen wäre.

Ich wurde wach, als die beiden am Ufer ankamen. Alexis rief laut nach mir, er zog damit auch andere Leute an, die unverzüglich versuchten zu helfen. Irgendjemand holte die Küstenwache, sie versuchten Simon wiederzubeleben, Alexis kniete neben ihnen und hielt Simons Schulter, sprach zu ihm. Ich stand einen Meter abseits vom Geschehen und ich schrie einfach nur weiter laut nach Hilfe, während eine fremde Frau ihre breiten, rauen Hände auf meine Arme legte, und ich hörte sie von hinten in mein Ohr flüstern: „À cause du courant. À cause du courant. Quelle horreur!"

***

Kurz darauf warteten wir dann im kleinen Krankenhaus auf den Oberarzt, der uns nur bestätigte, was wir schon wussten. Er erklärte Simon für tot und man verpasste mir ein Beruhigungsmittel, weil ich zu hyperventilieren drohte, und alle Erinnerungen an diese Stunden sind deshalb von einer milchigen Schicht durchzogen.

„Es waren nur wenige Sekunden, Lucille."

Ich weiß, dass Alexis unablässig redete, mit mir, mit den Ärzten und am allermeisten mit sich selbst.

„Ich verstehe das alles nicht. Es kann nicht sein. Es ist nicht möglich."

Am selben Abend kam Frida mit dem Flugzeug. Am nächsten Morgen traf Jakob ein. Ich erinnere mich kaum an das, was sie sagten oder was wir miteinander besprachen. Ich weiß nur, dass sie einfach die ganze Zeit bei uns waren. Ich weiß, dass sie sich auf der fünfzehnstündigen Rückfahrt mit dem Fahren abwechselten. Dass unsere Wohnung in den ersten Tagen eine große Herberge für verschiedene Menschen wurde. Dass ständig jemand etwas zu essen vorbeibrachte. Ich weiß, dass Frida die ganzen postalischen Beileidsbekundungen annahm und meine E-Mails für mich beantwortete.

Es ist schwer, passende Worte für das Unfassbare zu finden.
Mitfühlende Grüße.
Lasst die Erinnerungen eure Herzen trösten.

Es tut uns sehr leid.
Die Erinnerung an die gemeinsame Zeit ist das Licht, das wärmt und tröstet.
Die Erinnerungen sind die Sterne in der Dunkelheit der Trauer.
Liebe Trauerfamilie.
All diese bescheuerten Floskeln.

***

Ich war in der Zeit vergangen. Entweder lebte ich in zermürbender Erinnerung oder in unheilvoller Erwartung, aber gegenwärtig war ich dieser Tage selten.

***

Simons Reisetasche war monatelang von keinem angerührt worden. Es war tiefster Winter, als mir die Tasche wieder einfiel und ich sie ins Wohnzimmer schleifte. Sehr bedächtig holte ich den Inhalt heraus. Die schmutzige Wäsche, die sandigen Badehosen, Muscheln, die vielen Bücher, die Restaurantrechnungen und Bierdeckel und getrockneten Blümchen, die er gesammelt und in seinem Notizbuch aufbewahrt hatte. Ich holte alles raus und räumte die Sachen zurück in sein Zimmer. Ich erinnerte mich daran, dass er zuletzt in einem Buch mit dem Titel *Über mir der Himmel* gelesen hatte. Hatte er es fertig gelesen? Ich nahm mir vor, es in den nächsten Tagen selbst zu lesen, um ihn zwischen den Seiten zu spüren.

***

Früher hatte mich das Leben morgens mit seinen Lockrufen an den nackten Füßen wach gekitzelt. Es hatte nach mir gerufen. *Leb mich. Benutz mich!* Und ich hatte mein altes Selbst geopfert, um durch meine tägliche Bereitschaft, mich dem Leben hinzugeben, ein neues Ich entstehen zu lassen. Ein ausgereifteres, größeres, bekehrtes Ich.

Jetzt aber blieb das Ich im Bett liegen, das Leben schwieg es an, und es hätte sowieso längst kapituliert vor seiner Kraft. Manchmal hoffte ich, an den eingelegten Weinblättern zu ersticken, die ich im Bett aß, oder ich starrte sehnsüchtig in Richtung des offenen Fensters und rang eine Weile mit mir. Ich hätte das Leben als *Geschenk* gerne abgelehnt. Ja, danach war mir zumute. Aber die Angst, sich an Gottes Geschenk des Lebens zu versündigen, war zu groß. Nicht, dass ich christlich gewesen wäre, aber ich wollte auch nicht die letzte Möglichkeit, irgendwann bei Simon anzukommen, durch die Sünde, mir das Leben zu nehmen, zunichtemachen.

Das Leben draußen war nicht weniger krisengeschüttelt als mein eigenes. Sich ausbreitender Terrorismus des IS, der Ausruf des „Kalifats" in Syrien und Irak, Gaza-Krieg im Nahen Osten, besorgniserregende Verbreitung des Ebola-Virus in Westafrika, weiterhin scheiternde Fluchten übers Mittelmeer, starke Regenfälle auf der ganzen Welt, Monsune, Waldbrände und so weiter.

Ein paar Tage nach Simons Tod gewannen die Deutschen die Fußballweltmeisterschaft in Brasilien. Ich hörte die Hupkonzerte der Autokorsos auf den Straßen bis tief in die Nacht hinein, und ich stellte mir vor, wie sich vor dem Fenster wildfremde Menschen in den Armen lagen, sie sangen: „Mit dem Herz in der Hand und der Leidenschaft im Bein", und sie ließen Raketen in den Himmel steigen. Vergessen waren die rassistischen Aussagen vom Vortag, die politische Spaltung dieses Landes, die gegenseitige Intoleranz, jetzt galt ein klares „Wir gegen die anderen", heute waren sie alle Deutsche, durften sie es plötzlich alle sein. Für eine Nacht lebten sie alle bereitwillig in dieser Lüge, und die Begeisterung für die gleiche Sache reichte aus, um einen vermeintlichen sozialen Frieden herbeizuführen. Ihre Leidenschaft für den Fußball hatte die höhere Weihe erhalten, endlich durften auch die ausgegrenzten Staatsbürger, die sonst am Rande der Gesellschaft unbeobachtet vor sich hinvegetierten, ihr Expertentum einbringen.

Ich hörte das Grölen, und ich wusste: Wo betrunkene Ekstase war, war Aggression auch nicht weit entfernt. Gleich würde es bestimmt jemanden hinlegen, Krankenwagen und Notaufnahme, ja, dafür zahlten wir gerne Steuern. Ein ganzes Volk, das sich beschwipst und ekstatisch in den Armen lag, nur ich lag einsam im Bett. Am allermeisten ärgerte ich mich über mich selbst und darüber, dass ich trotz allem noch genug Kraft zu haben schien, mich über etwas Harmloses so zu echauffieren. Eine Ode an abkapselnde, vom Leben entfremdende Traurigkeit.

***

Am Ende waren wir Schatten unser selbst geworden. Bei Sonnenaufgang saßen wir im Bett, erschöpft von den langen Kämpfen gegen uns selbst auf den Schlachtfeldern der Dunkelheit, und bei Sonnenuntergang erwartete uns der Wunsch, in einen traumlosen Schlaf zu gleiten, der kurzes Vergessen von all dem versprach, was uns umtrieb. Mir war alles egal geworden. Nicht einmal die drückende Hitze der faden Sonne am Mittag störte mehr. Ich schaute die Nachrichten am Abend mit einer geistlosen Teilnahmslosigkeit, registrierte, was zu mir gesagt wurde, versuchte aber nicht, eine Bedeutung aus den Worten zu ziehen.

Ich fragte mich ständig, an wie vielen Tagen ich noch in diesem Bett aufwachen musste, wie oft ich noch an seinem Zimmer vorbeilaufen würde, wie lange ich noch alleine duschen, alleine am Küchentisch und alleine mit den Gedanken sein musste. Ich war überzeugt davon, dass ich niemals wieder etwas wollen würde, nie wieder zufrieden, nie wieder ehrgeizig sein würde, dass mein restliches Leben ein freudloses Hinarbeiten war auf den Moment, in dem ich selbst ins Gras beißen, über die Wupper gehen und den Kopf unterm Arm tragen würde. Und bevor ich in den letzten Zügen lag, würde ich meinem Leben nun mal nicht mehr Bedeutung als nötig geben, mich auch nie wieder abkehren von den anderen Todessehnsüchtigen auf dieser Welt und nie mehr Teil der sorglosen, absurd dämlichen und naiven anderen Meute sein. Ich würde anderen nicht zur Last fallen, würde eine eiserne Eremitin sein, verbittert in einer Einsamkeit, die draußen eh niemand mitbekam. Das schwor ich mir.

Ich zog wirklich alle Register, um mich schnellstmöglich von dem Geschehen um mich herum abzukapseln, aber eine Sache schien diesen Prozess einzudämmen und zu behindern. Am Morgen flüsterte Alexis meinen Namen, brachte mich letztendlich dazu, die Augen aufzumachen, die Decke zurückzuschlagen und die Füße auf den Boden zu setzen. Am Abend hielt er mir die Schüsseln mit selbstgekochtem Essen unter die Nase, die Jakob vorbeibrachte. Und wenn ich schrie, dann hielt er nicht die Hände an die Ohren, sondern sah mich geradeheraus an und nickte ermutigend mit dem Kopf. Und auch wenn jeder Morgen anbrach ohne die Aussicht auf eine Verbesserung der Situation, ließ Alexis unsere Verbindung zum Leben nie abreißen. Es fühlte sich anfangs so an, als würde er mit Kanonen auf Spatzen schießen, so verschwendet waren seine zärtlichen Bemühungen, aber irgendwann stellte ich fest, dass sie vielleicht der einzige Grund dafür waren, dass ich noch nicht resigniert hatte. Er hielt meine Welt in seiner Gewalt, er war meine letzte intakte Verbindung zur Welt geworden.

Die Trauer blieb immer gleich, ich konnte geradezu sehen, dass sich die faustgroße Kugel in meiner Bauchgegend gemütlich eingenistet hatte und nicht kleiner wurde. Aber dafür wuchs mein Körper über die Monate immer weiter in die Höhe und schlug nach rechts und links aus, nahm immer mehr Raum ein. Und als ich zur Größe einer Riesin mutiert sein musste, da kam auch das Lachen zurück. Ich weiß es noch ganz genau. Alexis und ich beobachteten einen Hund, der seinem eigenen Schwanz nachrannte und sich dabei im Kreis drehte. Wir beide fanden das lächerlich unterhaltsam, zum Kreischen komisch fanden wir diese Jagd nach dem eigenen Hinterteil. Und das Lachen in meiner Kehle ließ sich nicht mehr weiter zurückhalten, und so auch nicht der heftige, überwältigende Wunsch, weiterzuleben.

KAPITEL ZWÖLF
ALEXIS (1991)

An einem heißen Sommertag machten wir einen Ausflug. Ich hatte Lucille einige Tage vorher angerufen und wegen eines Treffens gefragt, aber heute fühlte ich mich leer und wäre lieber zu Hause geblieben. Die Vorstellung, einen Ausflug zu machen und Lucilles Leichtigkeit und guter Laune für mehrere Stunden ausgesetzt zu sein, fühlte sich fahl an. Trotzdem bog ich mit dem Auto in ihre Straße ein und hielt vor ihrem Haus an. Aus den Augenwinkeln bemerkte ich, wie sich der Vorhang an ihrem Fenster bewegte, und ich wusste sofort, dass sie auf mich gewartet hatte. Ich hätte gerne einen Moment für mich gehabt, um meine Nerven zu beruhigen, aber nach kurzer Zeit lief sie schon beschwingt auf mich zu. Sie so glücklich zu sehen, versetzte mir einen Stich, denn ich fühlte mich augenblicklich schuldig. Wie konnte es sein, dass ich so wenig tat und sie das wenige, was ich ihr gab, trotzdem förmlich in sich aufsog, ohne je mehr zu erwarten?

Und gleichzeitig merkte ich, dass ich mich augenblicklich besser fühlte, nachdem ich sie gesehen hatte.

Ich drehte den Schlüssel in der Zündung und der Motor startete. Ich ließ die Fenster runter und der Fahrtwind blies mir sanft ins Gesicht. Aus den Augenwinkeln betrachtete ich Lucille. Sie hatte die Augen geschlossen und den Kopf gegen die Innenwand des Autos gelehnt. In diesem Moment wirkte sie seltsam zerbrechlich und ich verspürte den Drang, ihr mit der Hand über die Wange zu streichen, brachte es aber nicht über mich.

„Schläfst du? Du musst navigieren."

Sie blinzelte und sagte leise: „Immer weiter geradeaus, wir sind fast da."

Im Wald gab Lucille die Richtung vor und führte uns zu einer abgelegenen kleinen Lichtung. Sie ging sehr zielstrebig voraus und es kam mir vor, als wäre sie die Strecke schon oft gelaufen. Ich fragte nicht nach, und anders, als ich es von Lucille gewohnt war, sprach sie es auch nicht von allein an. Lucille war ungewöhnlich ruhig heute und ich fragte mich, ob es etwas mit mir zu tun hatte. Als wir ankamen, ließ sie sich auf die bemooste Wiese fallen und klopfte mit der Hand auf die freie Stelle neben sich. Ich legte mich nieder und ließ meine Arme und Beine vom Moos abkühlen. Lucille öffnete die Flasche Sekt, die wir gekauft hatten, und schenkte uns großzügig ein. Als wir uns zuprosteten, sah sie weg und trank in großen Schlucken. Sie strich sich die braunen Haarsträhnen hinter die Ohren und spielte mit dem Moos vor sich. Sie riss kleine Stücke heraus und legte sie dann behutsam wieder zurück. Obwohl sie das sehr gewissenhaft tat, merkte ich, dass sie nicht ganz bei der Sache war.

Ich spürte schon nach kurzer Zeit, dass der Sekt meine Gedanken benebelte, denn ich hatte ihn zu schnell getrunken. Es war mir unangenehm und ich wollte nicht, dass sie es bemerkte. „Lass ihn dir nicht zu Kopf steigen", sagte ich deshalb betont locker.

„Schon zu spät." Jetzt schaute sie hoch und ein Lächeln schlich sich auf ihre Lippen. Sie griff nach meiner Hand, und unsere Finger verhakten sich ineinander. Lucille schaute mich für eine Weile an, ehe sie plötzlich fragte: „Was, denkst du, würde passieren, wenn ich den alten Alexis treffen würde?"

„Wenn wir uns später im Leben treffen würden?"

„Nein, wenn wir uns an entgegengesetzten Punkten in unserem Leben treffen würden. Ich in jung, du in alt. Was würdest du mir sagen?"

Ich spürte, wie mir die Hitze ins Gesicht strömte, und ich antwortete schnell: „Ich würde sagen, dass du an einem so heißen Sommertag weniger Sekt trinken solltest."

„Nein, komm schon. Denkst du, du würdest mir sagen, was noch mit uns passiert?"

„Vielleicht würde ich es dir sagen."

„Mhm."

„Ich bin mir sogar ziemlich sicher, dass ich dir sagen würde, dass du mit mir nicht das beste Los gezogen hast."

„Warum das denn?"

„Ich habe dich gern genug, um nicht zu wollen, dass du irgendwann unglücklich wirst."

„Sehr selbstlos."

„Bis jetzt habe ich den meisten Menschen in meinem Leben kein Glück gebracht."

„Also bin ich selbst schuld, wenn ich Zeit mit dir verbringe, denn daran, dass du anderen Leuten Unglück bringst, lässt sich nichts ändern."

„Ganz genau."

„Ah. Unsinn. Damit machst du es dir ein bisschen zu leicht."

„Nein, Lucille. Es ist so. Alles, was ich in meinem Leben angefasst habe, ist in meiner Hand zerfallen."

„Sehr dramatisch."

„Aber wahr."

„Bringe ich anderen auch Unglück?"

„Ich kann dir nur sagen, dass ich ziemlich unglücklich bin. Aber ich bin mir sicher, dass ich ohne dich noch unglücklicher wäre. Also würde ich deine Frage verneinen."

Ich hätte ihr gerne noch mehr Sachen gesagt, aber die Worte kamen mir nicht über die Lippen und so blieb ich stumm.

Ich dachte weiter über Lucilles Frage nach. Während ich da saß, zögerte ich, haderte mit mir und dachte über alle möglichen Wege nach, die die Begegnung zwischen uns noch einschlagen konnte, an all die Wege, all die Möglichkeiten, die dieses Leben für sie bereithielt. An die verschlungenen Pfade, an die parallel verlaufenden, an die sich kreuzenden. An tiefes, hüfthohes Gras, an holprige Schotterwege, an harten Asphalt, an weite Felder, an Matsch, in den man einsinkt, an mitreißende, wilde Flüsse. Und ich erinnerte mich plötzlich an Dinge, die es nie gegeben hatte, an Gespräche, die es nie gab, Berührungen, Zuneigungen, Verletzungen, all das eben.

Und wenn sie mich noch einmal gefragt hätte, dann hätte ich gewusst, was ich antworten würde: „Der schönste Moment mit dir ist immer jetzt."

EPILOG

Der Papa trinkt viel Wein, er sagt, ihm geht's dann wieder fein
Die Mama isst viel Sahneeis, trotz des vielen Sonnens ist ihre Haut ganz weiß
Wenn die beiden doch bloß wüssten
Dass ich gestern Nacht den Sohn von den Franzosen küsste
Sie würden aus allen Wolken fallen
Dabei ist der Himmel jeden Tag von Wolken frei
Am Samstag werd ich mich an die Palme krallen
Jeder Urlaub geht immer wieder zu schnell vorbei
Zu Hause wird der Papa wieder klagen
Und Mama wird es nicht ertragen
Zum Schluss will ich euch noch was sagen
Es ist doch eigentlich alles spitze
Ihr seid zumindest keine Sofaritze

Zwischen den Seiten von *Über mir der Himmel* gefunden.
Alexis rahmte es voller Stolz ein.

Weil die Chancen, jemals einen Oscar zu gewinnen und eine sentimentale Dankesrede halten zu dürfen, sehr gering sind, muss die folgende Danksagung herhalten. Bear with me!

DANKE ...

Mama. Für deine Liebe, deinen Optimismus und deine Unerschrockenheit im Leben. Für meine Freiheiten und die Ermutigung, raus in die Welt zu ziehen. Für deinen Blick auf die Dinge, das Ertragen meiner schlimmsten Stimmungen, dein Zuhören und nicht zuletzt für das liebevolle Fördern meiner Leidenschaften (z. B. dieses Buch). **Julia.** Für die totale Förderung in Sachen Bücherwurmigkeit, für deine bedingungslose Liebe und Unterstützung in allem, für deine entschleunigte und bewusste Art, zu leben – ganz einfach für dich und den Beweis, dass die Welt voller Liebe ist! **Tess.** Meine persönliche Frida, mein größter Fan, beste Kniffelspielerin auf der Welt. Danke fürs Teilen jedes noch so banalen Gedankens, für die Lebensfreude und das gemeinsame Durchs-Leben-Schreiten (oder zuweilen Kriechen, je nachdem). **Kathinka.** Dafür, dass du meinem Leben so viel Leichtigkeit gibst, deine Zuneigung grenzenlos ist und du mich genauso lustig findest wie ich dich. **Ronja.** Dafür, dass du der feste Boden unter meinen Füßen bist, wenn's mal stürmisch ist, und für dein Talent, besser als ich selbst zu wissen, was ich brauche. **Sascha.** Für deine Liebenswürdigkeit, deine Neugier aufs Leben und dafür, dass du beim Schreiben mein größter Antrieb warst. Dich zu treffen war ein Geschenk! **Marlene.** Für deine inspirierende Kreativität, deine Begabung, Schönes in den kleinen Dingen zu finden, und dafür, dass deine Reaktion auf das Buch so rührend und ermutigend war. **Olivia.** Für deine Kunst, unfassbar scharfsinnig und klug mit Worten zu spielen. Für deinen guten Rat und deine ganz besondere Feinfühligkeit.

Kim & Eli. Ihr seid die Basisstation, und ich spüre euren Rückhalt, egal wo ich bin! **Leonie.** Dafür, dass du 2017 in Vietnam die ersten jämmerlichen Versuche dieses Romans gelesen hast und alles trotzdem ausnahmslos toll fandest. Für deinen Glauben an mich und deinen unerschütterlichen Optimismus. **Papa.** Für exzessives Vorlesen früher und dafür, dass es nicht bei Winnie Puuh geblieben ist. In Gedanken liege ich manchmal noch immer in der Hängematte deines damaligen Hinterhofs und lausche den Geschichten. **Oma.** Für die Kerze, die du am 1. März 2023, als ich das Buch fertig geschrieben hatte, für mich angezündet hast, „damit meine Pläne in Erfüllung gehen", und für die „lieben Gedanken", die du mir ständig schickst. Die kommen an! **Opa.** Es ist in Ordnung, sich beim Lesen von Tolstoi vollkommen inkompetent zu fühlen und nach zwanzig Seiten aufzugeben. Danke für die schönste Brieffreundschaft mit dir! **Uli.** Für deine poetischen WhatsApp-Nachrichten, wenn ich sie am meisten brauche, und dafür, dass du mich so gerne in die richtige Richtung schubst. **Susi B.** Für deine ganze Unterstützung und unsere besondere Freundschaft in den letzten vierundzwanzig Jahren. Ohne dich hätte ich nicht den Mut und die Möglichkeiten gehabt, die wichtigen Schritte raus aus meiner Komfortzone zu machen. **Paul.** Danke dafür, dass du der erste Leser warst, und für die Hingabe, mit der du dich diesem Buch gewidmet hast. **Jörn.** Dafür, dass du besser als ich in wenigen Worten sagen kannst, worüber ich eigentlich geschrieben habe. **Carin.** Für die wertvollen und klugen Ratschläge bezüglich des Veröffentlichens. **Ein riesengroßes Dankeschön auch an:** Nataša, Frau Rose, meine DeutschlehrerInnen, die gesamte Wunschfamilie, Jakub, Luca, Dani, Lakeisha, Kristina, Alea, Karla, Fini, Zoë, Judith, Sahil, Anni, Andrea, Rosa, Cosi, Toni, Sophia, die Rotterdam-Menschen – ihr habt in unterschiedlichster Form zum Erscheinen dieses Buches beigetragen!